KB187040

외계의 칸트

우주정치적 철학픽션

외계의 칸트

kant chez les extraterrestres

페테르 센디 지음 · 이은지 옮김

P 필로소픽

Áginak
우리의 상상 속에는
무한을 향해 나아가려는 노력이 있다.

és Karcsinak
… 그리고 동화의 보물을 보여주었다
가을 하늘의 밝은 달을

Kant chez les extraterrestres
C · O · N · T · E · N · T · S

약간의 관광   009

1장 별들의 전쟁   025

2장 외계의 칸트   091

3장 코스메티크와 코스모폴리티크   151

4장 무중력 상태에서(감각적인 것의 아르키메데스 점)   207

옮긴이 후기 · 230

▌일러두기 ▌

• 각주는 모두 원주이다.

• 본문의 〔 〕 안 내용은 저자의 것이고, [   ] 안 내용은 옮긴이가 추가한 것
이다.

• 인용된 저서의 국역본을 참고한 경우 [   ] 안에 서지정보를 적어두었다. 국역
본을 참고했으되, 이 책에 실린 내용은 대부분 옮긴이가 새로 번역한 것이다.

달로 휴가 가는 것을 상상할 수 있는가?

매년 돌아가곤 하는 그토록 좋아하는 친숙한 장소도 아니고, 오래전부터 방문하기로 약속했던 어느 시골 지역도 아닌, 완전히 다른 곳, 결코 잊지 못할 며칠 혹은 몇 주간 우리를 무중력 상태에서 진정한 **세계인**, 우주 시민으로 만들어줄 곳으로 가는 게 보이는가?

우리는 이 우주의 이국적인 분위기를 꿈꿀 수 있다. 우리는 이것이 제한된 휴가임을, 돌아올 것이 확실한 상태에서 살던 곳을 아주 잠깐 떠나는 문제임을 알기에 좀 더 차분하게 생각할 수 있다. 알다시피 관광객은 탐험가도 아니고 발견자도 아니다. 관광객이 가는 곳은 이미 길이 나 있고, 다른 사람들이 그보다 먼저 그곳을 지나갔으며, 다른 사람들이 그의 뒤를 따를 것이다.

오늘날 **우주 관광**은 매우 진지하게 논의되고 있다. 사실 몇몇 억만장자는 우주 공간을 여행하는 비용을 감당할 능력을 이미

갖추고 있었다. 그들을 우리 행성 밖으로 내보낸 운송업자들은 특히 세계가 자본주의와 공산주의로 양분된 마지막 잔해 위에서 구성된 기업들이다. 소련 우주 정거장 미르의 곤궁한 경제적 처지는 미국인 사업가 데니스 티토를 최초의 우주 관광객으로 보내기로 한 미르코프의 설립으로 이어졌다(여러 가지 어려운 일을 겪고서 마침내 2001년 4월에 스페이스 어드벤처스가 이 일을 떠맡았고, 1억 달러로 소유스선을 타고 달에 여행을 갈 수 있게 하려 애쓰고 있다). 비록 **행복한 소수**만이 이 길을 짧게 둘러볼 수 있었지만, 이미 우리 지구 주변을 간단히 둘러보는 여행의 대중화가 이야기되고 있다.

시간이 얼마나 지나야 궤도 위의 호텔에서 여가를 보낼 수 있을까? 확실히, 미국 호텔업계의 거물이자 비글로 에어로스페이스의 창립자인 로버트 비글로 같은 일부 사람들은 이미 우주에서 테스트를 거친 공기 주입식 거주 형태에 대한 나사의 특허권을 사들였다. 이런 식으로 우리의 행성은 팽창하고, 자신의 권역과 대기 너머로, 나아가 자신을 바라볼 수도 있는 바깥까지 확장될 것이다.

하늘에서 본 지구보다 더 아름다운 것이 있을까? 이보다 더 숭고한 것이 있을까?

최근에 아폴로 11호 우주 탐사 40주년을 기념하긴 했지만,

선장 닐 암스트롱이 남긴 유명한 말은 이제 낡은 느낌이 든다. 1969년 7월 21일, 그는 달 표면에 발을 디디며 "이것은 한 인간에게는 작은 발걸음이지만 인류에게는 큰 도약입니다"라고 말한 바 있다. 당시 나는 세 살이었고, 이 작지만 위대한 도약이 중계되는 것을 본 기억이 전혀 없다. 의심할 여지 없이, 달에 헌정한 미미하나 거대한 첫 발자국은 그 뒤로 반복되었다. 달 위를 최초로 걸은 사람의 뒤를 따라 수많은 우주 관광객이 달에 점점 더 가까이 다가가는 것은 예정된 순서였다.

달을 방문한 관광객들은 그러한 상황에 감개무량하여 달로 향하는 길을 개척한 선구자들이 다음과 같은 문장으로 포장한 명판 앞에 멈춰 설 것이다. "여기, 지구에서 온 인간들이 서기 1969년 7월에 최초로 달 위에 발을 디뎠다. 우리는 인류를 대표하여 평화와 더불어 왔다." 아마도 — 누가 알겠는가? — 이 지구 밖 관광객들 역시 달에 맡겨놓은 실리콘 디스크 위에 아주 작게 새겨진 수많은 **친선 메시지**를 확대해서 볼 수도 있을 것이다. 이 디스크에는 73개국 수장들의 평화 지지 발언이 들어 있다. 이들 중에는 루마니아 독재자 니콜라에 차우셰스쿠나 세네갈 대통령 레오폴 세다르 상고르, 교황 바오로 6세도 있고, 서문 격인 네 명의 미국 대통령에 이르기까지 그 명단은 중구난방이다. 그중에서도 "우주는 평화로 나아가는 길이 될 것입니다"라고 한 린든 B. 존슨 미 대통령의 선언이 가장 상징적이다.

미래에 행성 사이를 오갈 관광객들은 **평화**나 **인류** 같은 단어를 어떻게 생각할까? 그들은 우리의 선조들이 무중력 상태에서 미지의 것의 입구에 새기려 했던, 궁극의 경계 위에 남겨놓은 이 개념을 어떻게 읽을까?

평화, 인류. 이 단어 혹은 개념들은 경계를 사유한 두 위대한 사상가 이마누엘 칸트Immanuel Kant와 카를 슈미트Carl Schmitt가 보여주듯이 그 자체가 경계선을 맞대고 있다. 칸트에 따르면 평화, 단순히 전쟁과 전쟁 사이에 놓인 휴전이 아닌 진정한 평화, 즉 **영구적** 평화란 사실 우리가 거기에 근접했다고 생각할 때마다 계속해서 지평선으로 물러나는 유동적 관념이다. 마치 오로지 **경계에서만** 생각될 수 있다는 듯이 말이다.[1] 그리고 슈미트에 따르면 그런 식의 인류란 **적어도 이 행성에는**, 즉 지구에는 적이 없음을 뜻한다. 마치 인류라는 개념 자체가 이해되거나 규정되려면 사실상 **지구의 경계를 통과하는 것**을 함축해야 한다는 듯이 말이다.[2]

---

1   이는 제프리 베닝턴Geoffrey Bennington이 그의 훌륭한 책《칸트의 경계 Frontières kantiennes》(Galilée, 2000, p. 106)에서 강력하게 상기시키는 바다. "영구적이어야만 평화일 수 있는 평화는 국제적 역동성 안에만 있을 것이다. … 평화가 영구적이려면 그 영속성을 영구적으로 지연시켜야 한다. 그러므로 평화는 **선포**될 수 없고 기껏해야 영원히 도래할 것이라고, 영원히 약속되어 결코 지켜지지 않을 약속의 형태로 **예고**된다." 칸트에 대한 우리의 독해는 외계인에 대한 칸트의 언급에 여러 페이지를 할애한 베닝턴의 놀라운 분석 덕분이다(pp. 61~62).

인류와 평화, 이 두 개념은 경계 너머로 끊임없이 멀어지면 서도 서로를 가리킨다. 이 두 개념의 정의 혹은 범위는 외계가 무한히 열릴 때마다 계속해서 밀려나는 경계 너머로 추구되어 야 하는 걸까?

이 **까마득한 우주정치학**은 다음 장에서 슈미트와 칸트의 안내 를 따라 살펴볼 것이다. 그들이 지구의 세계화에 할애하는 대 목을 면밀하게 읽어나가면서 우리는 아직 탐험되지 않은 외계 공간을 향한 행성 간 여행을 시작할 수 있을 것이다. 이 이야기 는 또한 관광객으로서 약간 무감각해진 우리의 눈을 뜨게 해주 고,[3] 우주라는 급진적인 타자성을 통해 지구를 다시 생각하게 해줄 것이다.

왜냐하면 이 외계라는 타자성은 곧 **저기**에 도래할 뿐만 아니 라, **이미 저기**에 있기 때문이다. 그것은 칸트와 슈미트의 철학적 SF를 통해 해독되기를 기다리고 있다. 아폴로 11호의 탑승 대 원들이 달 표면에 발을 디뎠듯이, 칸트와 슈미트의 **철학픽션** philosofiction은 미지의 것의 입구에서 우주정치적 독자들을 여

---

2 카를 슈미트의《정치적인 것의 개념La Notion de politique》(1932)을 보 라(Marie-Louise Steinhauser 옮김, Flammarion, coll. 'Champs', 1992, p. 96). [국내서는 《정치적인 것의 개념》(김효전·정태호 옮김, 살림출판사, 2012) - 옮긴이]

3 달에 여행을 갈 수는 없지만, 구글어스 같은 소프트웨어를 통해 이미 화성을 탐사하고 있는 우리는 **행성 간 비행사**Intercosmonautes다.

전히 기다린다.

이들은 우리가 전혀 모르는 다른 독자들, 심지어 **완전히 다른 독자들**이다.

🪐

칸트 이야기를 하기 전에 우선 이 말을 하고 넘어가자. 칸트는 실제로 외계인을 언급했다. 그가 쓴 글들을 읽을 때 우리는 다음과 같이 자문하지 않을 수 없다. 우리가 접근할 수 없는 외부의 관점에서 우리를 인간으로, 지구인으로 위치시키고 **그 대가로 우리를 정의할** 수 있게 해줄 다른 세계의 거주자에 대해 서술하려 할 때, 칸트는 누구를 말하고 있는 것일까? 지금 우리는 달을 공략할 수 있고, 화성을 비롯한 다른 행성의 식민화를, 심지어 그곳을 똑같이 살 만한 **땅으로 개조하는 것**을 진지하게 상상하지만 말이다.[4]

"그렇습니다, 칸트는 외계인에 대해 말했습니다." 내가 이 문장을 공개석상에서 소리 내어 말했을 때 사람들이 지어 보이던

---

4   '땅으로 개조하는 것terraformation', 즉 '생태 형성écogenèse' 또는 '생물계화biosphérisation' 개념(2008년 4월 17일자《관보Journal officiel》에서 승인된 프랑스어 용어를 따름)은 SF뿐만 아니라《사이언스》지(천문학자 칼 세이건은 1960년에 발표한 글 〈금성The Planet Venus〉에서 금성 대기권의 온실 효과를 줄이기 위해 조류藻類 이식을 고려했다)와 같은 과학 잡지를 비롯해 방대한 문헌에 영향을 미쳤다.

재미있어하거나 미심쩍어하던 표정, 미소를 나는 기억한다. 누군가는 내가 철학을 "자극적으로" 만들려 한다고 비난했다. 마치 내가, 오슨 웰스가 1938년 10월 30일에 소설 《우주 전쟁》을 라디오 방송에서 신문 정보란 형식으로 각색해 촉발했던 공황을 되풀이하기를 은밀히 꿈꾸기라도 하는 것처럼 말이다.[5] 또 다른 이들은 내가 진지한 철학적 전통에서 출발해, 이미 증명된 바 있는 외계로부터의 수많은 감시와 납치를 침묵으로 은폐하려는 "광범위한 정보 조작" 혹은 "음모"에 맞서 대항하려는 의도가 있다고 생각했을 수 있다. 나는 그런 역할도, "그것을 믿지 않는 사람"의 역할도 좋아하지 않는다고 고백할 수밖에 없다. 이런 것들은 〈미지와의 조우〉[1977년에 개봉한 스티븐 스필버그 감독의 SF 영화—옮긴이]나 〈엑스파일〉을 거쳐 〈인베이더〉[1997년에 개봉한 마크 로즈만 김독의 SF 영화로, 우주의 종족 간 다툼에 지구가 연루된 이야기를 다룬다—옮긴이]부터 〈4400〉[2004년에서 2007년에 방영된 미국의 SF 드라마—옮긴이]에 이르기까지, 수많은 영화와 TV 시리즈에서 수없이 본, 닳고 닳은 역할이다. 이제 외계에 대해 다른 질문을 던지는 다른 **배역**을 생각할 수는

---

5 피에르 라그랑주Pierre Lagrange가 시사하듯이 아마도 가장 연관이 깊고 전설적인 패닉. 《르몽드 디플로마티크》(664호, 2009년 7월)에 수록된 〈과학과 대중문화 사이의 외계인Les extraterrestres entre science et culture populaire〉의 '세계전쟁은 일어나지 않았다La guerre des mondes n'a pas eu lieu' 절을 보라.

없을까?

이것은 내가 어느 화창한 날 칸트를 읽다가 화성인 또는 금성인을 거의 손으로 만질 수 있을 만큼 자세하게 묘사한 대목에 빠져들면서 품은 생각이다. 놀랍게도, 칸트는 심지어 다른 행성에 사는 존재에 대한 일종의 비교 이론 혹은 분류, 말하자면 합리적 **외계인론**을 제안하는 데까지 나아간다. 하지만 여전히 나를 매료하는 이 발견을 넘어, 나는 이런 궁금함에 이르렀다. 칸트는 무엇 때문에 우리 지구인들에게 알려지지 않은 생명체를 생각하게 되었을까?

물론 칸트는 이런 일을 한 유일한 인물도 아니고 최초의 인물도 아니다. 그는 오히려 내가 종종 환기할, 외계의 존재에 관심을 보인 철학의 오랜 전통 안에 있다.[6]

---

6 스티븐 J. 딕Steven J. Dick은 《세계의 복수성(複數性)La Pluralité des mondes》에서 이를 추적한다(Marc Rolland 옮김, Actes Sud, 1989. 케임브리지 대학 출판부에서 1982년에 출간된 영어 원서 판본의 부제 '데모크리토스에서 칸트까지, 외계 생명체 논쟁의 기원The Origins of the Extraterrestrial Life Debate from Democritus to Kant'은 조사의 연대기적 한계를 보여준다). 마이클 J. 크로Michael J. Crowe가 딕이 중단했던 외계 생명체의 철학사를 다루지만(The Extraterrestrial Life Debate, 1750-1900, Dover, 1999 참고), 칸트 이후로 철학에서 과학사로 논쟁이 옮겨간 듯 보인다는 점을 인정해야 한다. 쇼펜하우어나 포이어바흐의 몇몇 용감한 언급과 여록을 제외하면 말이다. 포이어바흐의 경우, 《기독교의 본질》에서 발췌한 다음의 문장들을 기억해둘 필요가 있다. "우리 태양계의 다른 행성에 인간 외의 다른 존재(denkende Wesen auf den übrigen Planeten unseres Sonnensystems)가 있을 수도 있다. 그러나 그러한 존재를 가정한다고 해서 우리의 관점이 바뀌

그러나 한편으로 이러한 전통은 칸트에 이르러 완전히 중단
된 것 같다. 이미 헤겔은 《자연 철학》에서 오직 지구만이 "영
혼의 고향"이라고 주장한다(§ 280에 덧붙여). 그리고 여기서부터
서구 철학의 위대한 노선은 거의 방해받지 않는, 오히려 가끔
제기되는 질문을 통해 확신마저 갖게 되는 **인간-지구 중심주의**
로 귀결되도록 예정된 것처럼 보인다.

하지만 다른 한편으로 칸트가 외계인으로 관심을 돌린 것은
백과사전식의 단순한 과학적 호기심에 이끌려서는(혹은 그런
것만은) 아니었다. 칸트의 숙고의 범위를 그 어느 때보다도 시
의성 있게 만드는 것은 그러한 숙고들이 칸트 사유의 우주정
치적 쟁점과 직접적이고 구조적으로 연결된다는 것이다. 요컨
대 오늘날 우리가 **세계화**로 부르고 싶은 유혹을 받는 것과 연
결된다.[7]

지는 않는다(verändern wir nicht unsern Standpunkt). … 사실 우리는 다른
행성에 생기를 불어넣는다(beleben). 우리와 다른 존재가 저곳에 있기 위해
서가 아니라, 우리와 비슷하거나 흡사한 존재(mehr solche oder ähnliche
Wesen, wie wir)가 더 많이 존재하게 하기 위해 말이다"(*Das Wesen des
Christentums*, Verlag Otto Wigand, 1848, p. 17). 우리는 칸트와 함께 정확
히 이와 반대되는 주장을 할 것이다.

7　이는 앞서 언급한 스티븐 J. 딕과 마이클 J. 크로의 역사적 작업에서 미처 고려하
지 못한 지점이다. 내가 알기로, 칸트가 다른 세계의 거주자들에 대해 서술한
부분을 철학적으로 진지하게 다룬 사람은 데이비드 L. 클라크David L. Clark가
유일하다. 그는 〈칸트의 외계인: '인간학'과 그 타자들Kant's Aliens. The
Anthropology and Its Others〉(*The Centennial Review*, vol. 1, no. 2, au-

따라서 칸트는 마치 외계인에 대한 가설을 (우리가 보게 되듯 이 종종 그 자신의 뜻과 반대로) 소환할 수밖에 없을 때에만 그 이름에 걸맞은 범세계적 논의를 할 수 있는 것처럼 보인다. 그리고 이는 우리가 그 존재가 별로 눈에 띄지도 않는 다른 곳에서 온 이 침략자들의 흔적을 그의 유명한 몇몇 텍스트에서까지 찾아 나서야 하는 이유를 설명해준다(그 흔적들은 때때로 그곳에 감쪽같이 감춰져 있다고 말해야 할 것이다).

그럼에도 칸트를 따라 읽으면서 우리를 기다리는 것의 진가를 알아보려면, 세계화된 지구의 현재 지정학에 확고하게 닻을 내린 관점에서 그의 글에 접근해야 한다. 달리 말해서 칸트와 그가 생각한 우주 거주자들이 우리 지구와 우리 인간의 경계에 대해 말하는 것이 사실이라면, 우리가 이 철학픽션에 숨겨진 우리의 미래를 여전히 해독해야 한다면, 우리는 시대착오의 위험을 감수하고서라도 그것을 읽어내야 한다. 우리는 우리가 알고 있는 인공위성을 비롯한 우주여행의 관점에서 이 철학픽션에

tomne 2001, pp. 201~289)이라는 글을 썼다. 그리고 좀 더 최근에 나온 것으로는 앙투안 하첸베르거Antoine Hatzenberger의 글 〈칸트, 외계인과 우리Kant, les extraterrestres et nous〉(*Kant, les Lumières et nous*, ed. Abdelaziz Labib Jean Ferrari, Maison arabe du livre, 2008)이 있다. 시릴 네라Cyril Neyrat의 제안을 받아 쓴 〈외계의 칸트: 포위된 주체에 대한 철학픽션Kant chez les extraterrestres. La philosofiction du sujet assiégé〉 (*Vertigo*, no. 32, 2007)이라는 짧은 에세이에서 내가 스케치했던 가설과 중첩되는 이 최근의 연구를 내게 알려준 친구 엘리 듀링에게 감사를 전한다.

접근해야 한다. 그리고 무엇보다도 우주의 지배와 분배를 통해 형성되는 새로운 세계 질서를 향해 열린 질문에서, **별들의 전쟁**처럼 우리의 눈앞에서 벌어지는 것부터 접근해야 한다.

그런데 이 세계 질서 또는 세계화한 질서를 말하는 위대한 이론가, 지구와 우주 공간의 분할을 다룬 위대한 사상가는 분명 카를 슈미트다. 이는 '외계의 칸트'라고 이름 붙인 기이한 철학픽션을 읽기에 앞서 슈미트의 성찰을, 특히 **우주 해적**을 비롯해 우주 내에서 공간을 점유하는 것에 대한 질문에 천착한 슈미트를 짚고 넘어가야만 하는 이유다.[8]

요컨대 우리 시대의 우주 정복을 조사하고 슈미트를 따라 천체 탐사를 규제하는 국제 조약을 해독한 뒤에야 우리는 칸트의 우주정치학, 그리고 여기서 떼어놓을 수 없는 우주론의 울림에 귀를 기울일 수 있을 것이다.

우리에게는 마지막 움직임을 스케치하는 일이 남았다. 마지

---

8 카를 슈미트의 《파르티잔론 Théorie du partisan》(1963), 《정치적인 것의 개념》(*op. cit.*, p. 289)을 참조하라(슈미트는 **우주 해적**과 **우주 파르티잔**에 대해 말한다). 또 《세계 내전: 1943~1978 에세이 La Guerre civile mondiale. Essais, 1943–1978》, 《2차 세계대전 이후 세계 질서 L'Ordre du monde après la Deuxième Guerre mondiale》(1962, Céline Jouin 옮김, Ère, 2007, p. 66 이하에서) "우주적 공간 취득(kosmische Raum-Nahme)"을 다룬 대목을 보라. 이는 《대지의 노모스 Nomos de la Terre》(1950, Lilyane Deroche-Gurcel 옮김, Peter Haggenmacher 감수, Presses universitaires de France, 2001)에서 끈기 있게 재해석해야 할 질문들이다.

막 행동은, 미와 숭고를 다루는 칸트의 사유 다시 읽기의 도움을 받아, 이미 눈앞에 보이고 펼쳐지고 있는 우주 전쟁의 공포를 인류와 지구인의 시선 각각 속에 글로 새겨넣으려는 시도다. 한나 아렌트Hannah Arendt가 보여주었듯이, 칸트의 《판단력 비판》은 실제로는 다분히 정치적인 저술이다. 심지어 거기서 우리는 과잉정치hyperpolitics 같은 것마저 볼 수 있다. 정치적인 것이 전통적인 경계, 순수한 영역을 넘어 감각적인 것에 대한 접근까지 막고 제어한다는 의미에서 말이다.[9] 그러나 그리스어 코스모스kosmos가 우주와 아름다운 장식 둘 다 의미한다는 사실을 상기한다면, 칸트와 그의 저술을 끊임없이 침범하는 외계

---

9 한나 아렌트의 《칸트 정치철학 강의Juger. Sur la philosophie politique de Kant》(Myriam Revault 옮김, d'Allonnes, Le Seuil, coll. 'Points /Essais', 2003)는 칸트가 "네 번째 《비판》"을 쓰지 않았다는 것을 의심할 바 없이 최초로 보여준다. 칸트의 후기 저작들이 진정한 "정치철학"으로 취합되지 않는다면, 이는 그것이 《판단력 비판》에 잠재된 형태로, 말하자면 미학으로 포함되어 있기 때문이다(특히 p. 98 참조). 자크 데리다는 《우정의 정치 Politiques de l'amitié》(Galilée, 1994, p. 153)에서 카를 슈미트에 대해 논할 때 "이중으로 과장된 교차 어법"과 같은 "과잉정치화"를 언급한다. 즉 "정치는 덜 존재할수록 더 존재한다." 이러한 비논리적 혹은 역설적 논리를 따르자면, 만약 칸트와 슈미트가 앞으로 보게 되듯이 특정한 정치적 목적을 지향하는 이론가들이라면, 그들은 근본적으로 각기 다른 이유로 미학적 수준까지 정치화하는 과잉정치의 이론가들이기도 하다. 자크 랑시에르Jacques Rancière의 《감각적인 것의 분배Le partage du sensible》[국내서는 《감성의 분할》(오윤성 옮김, 도서출판b, 2008) - 옮긴이]는 지정학적 쟁점을 강조하지는 않지만 이러한 사유를 보여준다.

인을 통해 우리는 한 걸음 더 나아갈 준비가 되어 있는 셈이다. 우리는 진정한 **우주정치학**cosmopolitique을 미학 속에 새겨넣을 필요가 있다. **미용학**cosmétique으로서의 우주정치학을.

1장

전쟁에 대한
약간의 재능

1959년에 방영을 시작해 1964년에 중단된 텔레비전 시리즈 〈환상 특급The Twilight Zone〉은 1985년에 컬러 버전으로 되살아났다. 새로 방영된 첫 시즌의 에피소드 중 하나는 '전쟁에 대한 약간의 재능'이라는 제목의 특별한 이야기다. 이 제목은 프랑스어로 '세계 평화를 위협하다'로, 부정확하지만 흥미가 없지는 않게 번역되었다.

배경은 ─ 충분히 코믹하다고 말해야겠다 ─ 뉴욕에 위치한 유엔 기구다. 소련 대표와 미국 대표는 한 기이한 "밀사"의 의도를 놓고 서로 대치하고 있다. 이 밀사는 외계에서 온 대사인데, 지구를 파괴하겠다는 위협의 메시지를 가지고 왔다.

지구는 포위되었으며 이 예외 상태는 예외적 방법이나 대책을 필요로 한다. 소련 대표가 경계하며 전쟁 준비를 요구하는 반면, 미국 대표는 다음과 같이 반대의 전략을 주장한다. "이것은 인류가 외계의 지성과 최초로 접촉하는 기회일 수도 있습니다." 그리고 이렇게 쏘아붙인다. "당신은 그들이 우리를 무기로 다스려야 하는 미개인으로 여기기를 바라는 겁니까? 차라리…" 말이 끝나기도 전에 유엔 기구의 회의실에 등장한 외계 특사는 깜짝 놀란 두 대표 앞에서 지구인이 임무를 완수하지 못했다고 설명한다. 지구에 생명을 창조하고 인류가 번성할 수 있도록 해주었다고 주장하는 이 **외계인**이 보기에 우리의 모습은 대단히 실망스러웠던 것이다.

우리가 그들을 어떻게 실망시켰는가? 외계인이 영어로 말한 바에 따르면, "너희가 전쟁에 약간의 재능을 보였다you have a small talent for war"는 사실 때문이다. 이 말은 두 가지로 해석할 수 있다. 완곡하게는 우리가 "약간의 전쟁 재능", 아주 약간의 재능이 있는 것 같다거나, 좀 더 문자 그대로는 무력 충돌에 거의 재능이 없거나 빈약한 재능만 있다거나. 어쨌든 다른 세계에서 온 대사의 주장에 따르면, 우리는 실패했다. "이제 실험은 끝났다"라고 외계인은 선언한다. "하루 안에 우리 함대가 너희 지구 주위에 배치되어 지구의 모든 생명을 파괴할 것이다."

미국 대표는 항의한다. 그는 24시간의 유예를 요청하고, 지구가 완전히 파괴되기 전 아주 짧은 시간 동안, 인류는 그전까지 전혀 몰랐거나 실행할 수 없었던 일을 행하기에 이른다. 인류는 칸트가 1796년에 《영구 평화론》에서 꿈꾸었던 것, 즉 완전한 무장 해제에 동의하는 세계 평화 협정을 성사시킨다.

우주 밀사가 다시 돌아와 미국 대표에게 "당신이 가지고 온

건 뭔가?"라고 묻는다. "평화입니다, 대사 나리, 평화요"라고 미국 대표는 의기양양하게, 희망으로 가득 찬 눈을 반짝이며 대답한다. 외계인은 웃음을 터뜨린다. 그러자 모두가 전 세계적 안도감 속에서 함께 따라 웃는다. 하지만 여기에는 오해가 있었다. 지구인들이 완곡하게 이해했던 내용을 우주 밀사는 완전히 문자 그대로 사용한 것이다. 우리 인간들은 우리에게 기대된 전쟁에 부응하지 않은 것이다. 우주 대표는 이렇게 말한다. "당신들은 전쟁 기술 면에서 끔찍할 만큼 뒤처졌어. 그리고 최악은, 당신들이 진심으로 평화를 열망한다는 거지."

사람들은 이 작품은 SF일 뿐이라고 말할 것이다. 단지 오락물일 뿐이며, 적어도 우리가 살아 있는 농안에 그런 일은 결코 일어나지 않으리라고 확신에 차서 말이다.

하지만 눈과 귀를 열어둘 필요가 있다. 이 픽션의 형식과 구조는 우리의 세계를 구성하는 정치를 완벽하게 암시하기 때문이다.

가령 로널드 레이건은, 〈환상 특급〉의 에피소드를 환기하면서 1987년 9월 21일에 뉴욕에서 열린 유엔 총회에서 다음과 같이 연설했다.[1]

1 로널드 레이건 대통령 박물관, www.reagan.utexas.edu(나의 번역).

친애하는 의장님, 사무총장님, … 우선 중동의 평화를 위해 성
지순례를 다녀오신 사무총장님〔그 당시 사무총장은 하비에르
페레스 데 케야르였다〕을 환영하는 데 망설임을 보이는 것을
양해해주십시오. 이란과 이라크 사이에 벌어진 유혈 충돌에서
수십만 피해자가 발생했습니다. …

레이건의 후임인 아버지 조지 부시가 1991년 1월에 '걸프
전쟁'의 일환으로서 유엔의 비호 아래 이른바 '사막의 폭풍
Desert Storm' 작전을 실시해 곧 확대되었던 국제 분쟁의 맥락에
서, 레이건은 평화를, 말하자면 무엇보다도 상품의 자유롭고 **민
주적인** 유통을 호소한다. 그리고 그는 미합중국의 이름으로 다
음과 같이 결론을 내린다.

우리는 다른 나라들과 평화롭게 살 수 없습니까? 순간의 적대
감에 사로잡혀서, 우리는 인류의 모든 구성원을 하나로 연결해
주는 것들을 곧잘 잊어버립니다. 어쩌면 우리는 이 공통의 유
대를 알아보기 위해 외부의, 우주로부터의 위협이 필요한지도
모릅니다. 때때로 저는 외계의 위협에 직면한다면 우리 사이의
차이가 얼마나 빨리 사라질지 생각하곤 합니다.

레이건이 1983년 3월 23일에 대국민 연설에서 발표한─그
를 비방하는 이들이 **스타워즈**라고 신속하게 이름 붙인─미사

일 방어 체계 프로그램은 SF에서 간접적으로 영향을 받았다고
들 말한다.[2] 그러나 우주에서 바라본 평화에 대한 레이건의 생
각은 정치적 분열 너머에 있는 것처럼 보인다. 앨 고어가 2007

---

[2] 이는 예를 들면 작가 노먼 스핀러드Norman Spinrad 가《르몽드 디플로마
티크》1999년 7월호에 게재한 기이한 기사(〈"별들의 전쟁"이 현실이 된
다면Quand "La Guerre des étoiles" devient réalité〉)에서 지지한 가설이다.
그는 다음과 같이 주장한다. "SF 작가이자 미국 SF 작가 협회장인 제리 퍼넬
Jerry Pournelle은 로널드 레이건 대통령의 새 행정부에서 국가 안보 고문이
될 예정인 M. 리처드 앨런M. Richard Allen 을 만났다. 1980년 11월, 제리 퍼
넬은 국제 우주정치에 대한 시민 자문 위원회를 설립했다. 이 조직은 새로운
공화당 행정부에 영향을 끼쳐 선구적인 유인 비행 프로그램을 만들기 위해
한 개인이 설립한 로비 업체와 유사했다. 이 조직이 공개한 전략은 레이건
행정부로 하여금 비행 중인 적의 미사일을 파괴하는 기술적인 방어막을 설
치하는 것이 가능하다는 아이디어를 받아들이게 함으로써 미국이 핵공격
으로 다격을 입지 않게 하는 것이었다." 그렇지만 예를 들이 내털리 보먼
Natalie Bormann과 마이클 시헌Michael Sheehan 이 취합한 놀라운 텍스트
모음집《우주 안보Securing Outer Space》(Routledge, 2009)에서 콜롬바
피플스Columba Peoples의 연구(〈유령의 꿈Haunted Dreams〉)가 보여
주듯이, 군사 전략과 SF 간의 이러한 공모는 새로운 일이 아님을 강조해야
겠다. 우주여행협회의 설립(VfR, Verein für Raumschiffahrt, 1927)을 통해,
그리고 V-1, V-2 미사일 개발을 통해, 1920년대에서 1940년대까지 독일의
우주 정복을 언급하면서 저자들은 다음과 같이 쓴다(pp. 92~93, 나의 번
역). "VfR — 일종의 아마추어 집단으로 기능하면서 다소 무모한 방식으로
프로토타입을 시험했던 — 의 야심 찬 우주 비전은 자금 및 자원 부족으로
자주 제약에 부딪혔다. 그들이 실험을 위한 자금을 조달할 첫 번째 기회는
1929년에 프리츠 랑Fritz Lang의 영화〈달의 여인Frau im Mond〉의 홍보
활동 — 영화 제작자들은 개봉일에 로켓의 장관을 보여주고 싶어했다 —
으로 찾아왔다. 독일군이 VfR의 노력에 주목하게 만든 것은〈달의 여인〉개
봉 전후의 홍보였을 것이다."

년 7월 1일자 《뉴욕 타임스》에 쓴 기사 〈도쿄를 넘어 나아가기Moving Beyond Tokyo〉에서 보듯이, 레이건에 반대하는 민주당 인사들에게서도 이런 생각이 나타나고 있다. 앨 고어는 기사에서 레이건이 1987년 유엔 총회에서 한 발언의 결론을 주저 없이 인용한다.

우리 인류는 결단을 내려야 할 순간에 와 있다. 우리가 하나의 종으로서 의식적 선택을 하는 것을 상상하기란 전례 없고 우스꽝스러운 일이지만, 그럼에도 바로 그것이 우리에게 주어진 과제다. 우리의 거처인 지구는 위험에 처해 있다. 파괴될 위험에 처한 것은 지구 자체가 아니라, 인간이 살기 좋게 만들어진 조건이다. 우리가 한 행동의 결과를 자각하지 못한 채, 우리는 지구를 둘러싼 얇은 공기층에 엄청난 이산화탄소를 발산하기 시작했고, 지구와 태양 간의 열수지heat balance를 말 그대로 바꿔버렸다. … 이것은 정치적 쟁점이 아니다. 이것은 인류 문명의 생존과 관련된 도덕적 문제다. 이는 좌파 대 우파의 문제가 아니다. 이것은 옳고 그름의 문제다. 간단히 말해, 우리 지구의 거주 가능성을 파괴하고 우리 다음 세대의 전망을 망가뜨리는 것은 나쁜 일이다. 1987년 9월 21일, 로널드 레이건 대통령은 다음과 같이 말했다. "순간의 적대감에 사로잡혀서, 우리는 인류의 모든 구성원을 하나로 연결해주는 것들을 곧잘 잊어버립니다. 어쩌면 우리는 이 공통의 유대를 알아보기 위해 외부의, 우주로부터의 위협이 필요한지도 모릅니다. 때때로 저는 외계의 위협에 직면한다면 우리 사이의 차이가 얼마나 빨리 사라질지 생각하곤 합니다." 우리 모두는 이제 우주적 위협에 직면해 있다. 그것은 외계에서 오지는 않았지만, 그 규모는 우주적이다.[3]

따라서 앨 고어의 주장은 명백하게 레이건의 별들의 전쟁에 대한 일종의 생태학적 번안으로 보인다. 마치 영화에서 SF 고전인 〈지구가 멈추는 날The Day the Earth Stood Still〉(1951, 로버트 와이즈Robert Wise 감독)이 2008년에 리메이크 대상(스콧 데릭슨 Scott Derrickson 감독, 키아누 리브스 주연)이 될 수 있었던 것처럼 말이다. 첫 번째 버전에서 두 번째 버전으로 오면서 외계인 침략에 맞서 방어한다는 모티프는 핵전쟁의 위험에서 환경 파괴의 위험으로 바뀌었다.

그러나 두 경우 모두 우리가 영어로 **조망 효과**overview effect라고 부르는 것이 필요해 보인다. "위로부터의" 시선, 우주에서 지구를 보는 파노라마의 시선 말이다.[4]

---

3 앨 고어, "Moving beyond Kyoto",《뉴욕 타임스》(2007년 7월 1일), http://www.nytimes.com/2007/07/01/opinion/01gore.html?pagewanted=all.

4 이 표현을 대중화한 사람은《조망 효과: 우주 탐사와 인류의 진화The Overview Effect. Space Exploration and Human Evolution》(Houghton Mifflin, 1987)라는 책을 쓴 프랭크 화이트Frank White다. 저자는 점점 더

지구의 문제에 대한 이러한 조감하는 시선, 이러한 **우주정치적** 관점은 카를 슈미트가 가장 흥미로워했을 법하다. 특히 우주 정복에 대해 이야기했을 때, 아니면 마지막으로 출간된 자신의 저작에 다음과 같이 썼을 때, 그는 그러한 관점에 대한 가장 명석한 분석가이자 비평가였다. "하나의 전체로 바라본 인류 그 자체는 이 **행성**에 적이 없다."[5]

반면 슈미트는 생태학이, 지구에 대한 앨 고어의 논의를 넘어서, 인류가 만든 기계의 잔해들이 우주 공간을 떠도는 것을 염려할 때 무엇을 시사하고 있는지 알지 못했거나 사유하지 않으려 했다.[6] 우주는 단순한 **바깥**이 아니며, 결코 그린 직이 없있

먼 거리의 우주여행을 생각하면서, 수많은 유토피아주의자들의 열정에 사로잡힌 채, 미래에 태양계로 추방된 지구인은 "지구에 발이 묶인 민족-국가와 스스로를 동일시하지 않을 것"이라고, 즉 "지구 자체"와 동일시하지 않을 것이라고 상상한다. "북아메리카의 해방된 식민지〔구성원들〕처럼, 그들은 싹트기 시작하는 그들의 독립을 질투할 것이다. 어느 날 한 우주비행사가 태양계의 경계에 있는 자신을 발견하고 뒤를 돌아볼 것이다. …" 미국의 많은 지배적 담론에서처럼 여기에서도 외계 공간은 **잠재적인 새 미국**임이 분명하다.

5   카를 슈미트, 〈세계 법률 혁명La révolution légale mondiale〉(1978),《세계 내전 La Guerre civile mondiale》, *op. cit.*, p. 156, 나의 강조. 이 문장은 이미 인용했던《정치적인 것의 개념》에서 40여 년 뒤에 또 다른 울림을 준다. "이러한 인류는 전쟁을 할 수 없다. 적어도 이 행성에는 적이 없기 때문이다"(*op. cit.*, p. 96).

으니 말이다. 우주는 지구 바깥에서 쓰레기 처리장을 대신하는 공터도 아니고, 일종의 신세계로서 정복 가능한 자유 영역도 아니다.[7] 간단히 말해 우주는 루돌프 마테Rudolph Maté의 영화 〈세계가 충돌할 때When Worlds Collide〉(1951)에서 완벽하게 구현된 영속적 환상과 같은 궁극적 피란처가 아니라는 말이다. 영화에서는 거대한 천체와 지구의 충돌이 예고된 긴박한 위험

---

[6] 2007년 1월 11일, 중국이 위성 공격 무기를 발사하려 시도한 이래로 이러한 파편의 위험성에 대한 국제적 인식이 높아졌다. 낡은 위성을 지구에서 파괴하면서 천 개 가까이 되는 (폭이 10센티미터 이상 되는) 물체가 생성된 것으로 감지되었기 때문이다. 위험은 다양하며 무엇보다도 기하급수적이다. (지금까지 입증된 몇몇 사례에만 한정해서) 지구에 떨어질 가능성 외에도, 유인이든 아니든 우주로 발사됐거나 궤도를 돌고 있는 기계와의 충돌이 늘 어날까 우려된다.《뉴욕 타임스》에서 윌리엄 J. 브로드William J. Broad가 설명했듯이, 이는 통제 불가능한 사태의 확산을 높일 뿐이다(〈궤도를 도는 쓰레기, 한때는 골칫거리였다가 이제는 위협이 되다 Orbiting Junk, Once a Nuisance, Is Now a Threat〉, 2007년 2월 6일). "수십 년 전부터 우주 전문가들은 궤도를 도는 잔해들이 언젠가는 대형 우주선을 수백 개 조각으로 부수어 연쇄 반응을 일으킬 수 있다고 우려했다. 충돌은 느리게 연쇄 작용을 하며 여러 세기에 걸쳐 하늘에 혼란을 불러올 것이다. … 중국의 테스트가 끝난 뒤 전문가들은 연쇄 반응이 예상보다 훨씬 빨리 나타날 수 있다고 진단했다. 그들의 예측이 맞다면, 이러한 연쇄 작용으로 말미암아 결국 인류는 별에 접근하는 데 제한을 받을 것이다." 최근 픽사 스튜디오에서 제작한 장편 애니메이션 〈월·E Wall-e〉(2008)에는 이처럼 지구 떠나기의 어려움을 분명하게 암시하는 장면이 나온다.

[7] 2009년 10월, 뉴질랜드 관광 공사가 시작한 최근 광고 캠페인은 지구에서 이 지역이 지닌 순수성을 다음과 같은 슬로건으로 자랑했다. "마지막 신세계인 뉴질랜드에 오신 것을 환영합니다."

에 직면하자 한 과학자가 촌각을 다투는 경기에 몸을 던진다. 그는 우주로 가는 "노아의 방주"를 실제로 건조하여 소수의 승객만을 태우고 물건, 동물과 책 등의 견본을 그들이 생존하게 될 피안으로 실어 나른다.[8]

우주에 직면한 국제연합

1958년 12월 13일에 열린 본회의에서 유엔은 "우주 공간의 평화적 이용"(동일 문서의 영어 버전에 따르면 'the peaceful use of outer space'[9])에 관한 첫 번째 결의를 채택했다. 이 결의안은 최초의 인공위성(스푸트니크 1호, 1957)이 발사된 다음 날 채택되었는데, "우주 탐사 프로그램의 실행으로 발생할 수 있는 법적인 문제의 본질"을 검토하는 특별 임무를 맡

---

8   롤란트 에메리히 감독의 영화 〈2012〉는 이와 같은 모티프를 활용하기는 하지만 징후적으로 그것을 지구 공간에 한정한다. 방주는 생존자들을 다른 어느 곳으로도 데려가지 않는다. 방주는 단지 그들이 더 나은 날이 오기를 기다리며 대홍수로 불어난 물의 표면에 떠 있게만 한다. 영화는 가상의 '인류 영속성 연구소(Institute for Human Continuity)' 산하 웹페이지에서 방주의 자리를 얻는 추첨에 등록하도록 마케팅(이른바 입소문 마케팅)했다. 많은 사람이 여기에 진지하게 등록했던 모양이다.

9   유엔 우주업무사무국 UNOOSA(United Nations Office for Outer Space Affairs) 웹사이트 www.unoosa.org에 게재된 유엔 결의안과 조약문을 인용했다.

는 위원회 창설에 관한 내용이다.

따라서 관건은 **우주법**을 구성하는 것이었음이 분명하다. 그것의 원칙은 1960년대와 70년대에 걸쳐 통과된 결의안, 선언 및 협정을 통해 정의될 터였다. 1958년의 결의안은 이미 "우주 공간은 인류 전체의 관심사"라는 기대를 드러냈다. 이듬해인 1959년 12월 12일에 채택된 새로운 결의안은 "우주 공간의 평화적 이용을 위한 위원회"의 창설을 승인하고, 우주가 "인류의 이익을 위해서만 탐사되고 이용되어야 함"을 명시한다. "현재의 국가 간 경쟁이 이 새로운 영역으로 확장되는 것을 피하기 위해서"였다. 그러나 1963년 12월 13일의 결의에 가서야 다음과 같은 원칙이 "엄숙하게" 선언되었다.

1. 우주 공간의 탐사 및 이용은 진 인류의 혜택과 이익을 위해 수행한다.
2. 우주 공간 및 천체는 모든 국가가 평등에 근거하고 국제법에 따라 자유롭게 탐사하고 이용할 수 있다.
3. 우주 공간 및 천체는 주권 선포에 의해서도, 이용이나 점유 수단에 의해서도, 다른 어떤 방식에 의해서도 한 국가의 소유물이 될 수 없다.
   …
9. 각 국가는 우주비행사를 우주 공간에 보내는 인류 사절로 간주하고, 사고나 조난이 발생하거나 외국의 영토 또는 해

상에 부득이하게 착륙할 경우, 가능한 모든 것을 지원한다.

이 결의안은 1967년에 나온, '달과 다른 천체를 포함한 우주 공간 탐사 및 이용에 관한 국가 활동 규제 원칙에 관한 협정'[10]의 토대가 되기도 했다. 그리고 약간 미묘한 차이는 있지만, 동일한 원칙들이 1979년에 '달과 다른 천체에 대한 국가 활동 규제 협정'[11]에서 재확인되었다.

이러한 결의와 협정 그리고 **외계법**에서 결의한 전제에 맞닥뜨리면, 나처럼 법에 무지한 지구인이라면 놀라지 않을 수 없다. 순수하고 사실상 미개척된 곳, 자유롭고 무한히 열려 있다고 여기던 우주가 사람들이 갈 수 있게 되기도 전에 법적으로 이미 점령되었다는 사실에 말이다. 말하자면 점유에 대해 미리 규정한 법적 장치에 의해 우주는 **선점**되었다. 이처럼 인류에게 속한 우주는 특정한 국가의 소유가 될 수 없다.

확실히, 나의 순진한 놀라움과는 상관없이 지리학 차원의 문

---

10 '우주 조약Outer Space Treaty'으로 잘 알려졌으며 1966년 12월 19일에 채택되어 1967년 10월 10일에 발효되었다.

11 '달 협정Moon Agreement'이라는 이름으로 알려졌으며 1979년 12월 5일에 채택되어 1984년 7월 11일에 발효되었다. 이 협정에 서명한 국가는 극히 일부다(특히 우주 경쟁을 주도하는 강대국들은 결코 서명하지 않았다).

제에 대해 일부 분석가들은 이미 **천체정치**Astropolitik, 말하자면 천체의 **현실정치**Realpolitik라는 별칭을 붙이기 시작했는데, 미국에서는 많은 옹호자들이 있다. 외계 안보를 다룬 주목할 만한 책에서 수집된 최근의 비판적 연구가 입증하듯이,[12] 최근 20년간 미국의 지정학은 우주의 독점적 지배에 대한 일방적 추구로 점철되었다. 가령 빌 클린턴 대통령과 조지 부시 대통령 정부의 군사 전략가와 고문 들은 위성을 통해 지구를 통제하는 일과 관련된 쟁점을 더 깊이 의식하면서, 미국이 우주를 "총체적으로 지배"할 필요성을 재차 확인했다.[13]

---

12 *Securing Outer Space, op. cit.* (이 문헌은 내 친구 질 안야의 폭넓은 조사 덕분이 알게 되었다.)

13 〈전 영역에서의 우세 Full Spectrum Dominance〉는 1997년에 미 우주사령부US Space Command(1985년에 창설, 2002년에 미 전략사령부 US Strategic Command로 변경됨)가 1997년에 발표한 문서로, 〈비전 2020 Vision for 2020〉의 핵심 개념이다. 3년 뒤인 2000년에 〈미국 국방 재건 Rebuilding America's Defenses〉이라는 보고서에서, 부시 행정부에서 엄청난 영향력을 행사한 일종의 싱크탱크인 신보수주의 조직 '미국의 새로운 세기를 위한 프로젝트Project for the New American Century'는 "우주와 '사이버공간'이라는 새로운 '국제 커먼즈'를 통제"할 필요성을 주저 없이 주장했다. 원칙적으로 모든 국가 주권을 금지하는 '커먼즈'라는 개념이 마치 일방적인 점유와 양립할 수 있는 것처럼 말이다. 2001년, 나중에 국방부 장관이 되는 도널드 럼스펠드가 의장을 맡은 위원회(미 국가 안보 우주 경영 및 조직 위원회Commission to Assess United States National Security Space Management and Organization)는 "우주의 진주만"의 가능성을 경고하는 권고에서 우주 공간을 미국이 군사화할 필요성을 반복적으로 언급했다. 이는 다음의 우주 조약 조항에 따라 미국의 서약과 양립할 수 있다고

지금 벌어지고 있는 별들의 전쟁의 결말이 어떻든 간에, 인류가 단순히 외계 공간을 점령할 수 있는 제국을 위한 명의 대여자가 될지, 아니면 실제로 우주를 공유하는 기쁨을 누릴지는 의문으로 남아 있다.

카를 슈미트가 우리에게 던지는 질문은 그가 나치 정권에 가담한 혐의로 뉘른베르크에서 심문과 재판을 받은 해에 쓴 가장 간결한 형식의 질문(아마도 가장 자유로운 형식의 질문)일 것이다. 이는 그의《주해집Glossarium》1947년 12월 5일자 기록에서 실제로 읽을 수 있다(그것을 정말로 읽고자 한다면 말이다[14]).

간주되었다. "우주에 무기를 배치하거나 사용하는 것, 우주에서 지구로 무력을 사용하는 것, 혹은 우주에서 군사 작전을 수행하는 것이 국제법으로 전면 금지되지는 않았다." 이 텍스트들은 모두 온라인의 여러 사이트를 통해 접근할 수 있다. 이 내용을 다시 읽어보니 버락 오바마의 우주 점유 관련 정책이 급격히 하향 수정되고 있는 것으로 보인다.

14 Carl Schmitt, *Glossarium. Aufzeichnungen der Jahre 1947–1951*, Duncker & Humblot, 1991, 나의 번역. 여기서 나는 슈미트에 대해 말할 때, 프랑스에서 하이데거의 경우보다 더 크게 분노를 일으켰던 슬프고 한심한 논쟁과 같은 방식을 따르지 않을 것이다. 카를 슈미트를 읽고, 논평하고, 가르쳐야 하는가를 두고 벌어진 논쟁 말이다. 그가 나치에 동조한 것은 부인할 수 없는 사실이며 이미 그의 작업을 통해 방대하게 문서화되어 있다. 그러나 그를 침묵하게 함으로써 두려움에서 벗어나고자 그가 동조한 작업을 삭제하려는 이들에게는 실례가 되겠지만, 에티엔 발리바르Étienne Balibar가 아름답고 공정한 서문에서 슈미트의 가장 논쟁적인 저작 중 하나인《토머스 홉스의 국가론에 나오는 라바이어던Le Léviathan dans la doctrine de l'État de Thomas Hobbes》에 대해 보여주듯이, 그의 사유는 그 이상으로 나아간다.

빈 공간이 없으면 움직임도 없다. 자유로운 공간 없이는 어떠한 법도 있을 수 없다kein Recht ohne freien Raum. 공간을 점유하고 일정하게 구획하려면 저편에, 법 너머에 있는 자유로운 공간이 필요하다erfordert einen draussen, ausserhalb des Rechts verbleibenden freien Raum. 자유는 이동의 자유이지, 그 밖의 어떤 자유도 없다. 더는 외국Ausland은 없고 자국Inland만 있는 세계, 개척되지 않은 길이 더는 없는kein Weg ins Freie 세계, 힘들이 자유롭게 측정되고 경험되는 열린 장Spielraum이 더는 없는 세계란 얼마나 끔찍한가. …

우리가 사는 세계가 이런 세계인가? 이렇게 세계화된 세계는 우리가 전혀 경험하지 못한 전대미문의 세계인가? 또 우리에게 지구의 경계를 간가하게 하는 역사적 순간은 불가피하게 이미 닫힌 순간, 외재성을 지금부터 영원히 인류의 영역으로 만들어버림으로써 그것을 상실하는 순간인가?

슈미트 자신은 1950년에 《대지의 노모스Der Nomos der Erde》 서문에 다음과 같이 쓸 수 있었다.

이제까지의 유럽 중심적인 국제법 질서는 오늘날 몰락하고 있다. … 대지의 낡은 노모스는 동화 같고 예기치 못한 신세계(즉, 아메리카)의 발견, 되풀이될 수 없는 역사적 사건에서 생겨났다. 그것을 현대에 재연하는 것은, 인류가 자유로이 노획할 수 있으며 지상에서 벌어지는 다툼을 경감하기 위해zur Entlastung ihres Erdenstreites 이용할 수 있을, 지금까지 완전히 알려지지 않은 새로운 천체einen neuen, bisher völlig unbekannten Weltkörper를 인류가 달로 가는 길에 발견했다는 환상적인 유사성in phantasti-schen Parallelen에서만 생각할 수 있을 것이다.[15]

이러한 관점에서 슈미트는 아메리카 대륙이 발견된 이후 4세기 동안 지구의 지정학을 조절해왔던 유럽적 질서의 근본적 소멸을 확인했다. 그러나 1950년에 슈미트는 지구의 특정한 분배(노모스)의 종말을 진단하면서, 새로운 세계 질서의 수립이 외계의 실질적 정복을 통해 이루어질 수도 있다는 것은 진지하게 고려하지 않았다. 그는 세계가 직면할 쟁점은 땅을 바탕으로 삼은 것이며, 별을 향한 머리가 아니라 땅을 딛고 있는 발을 통해 협상될 것이라고 주장했다.

그러한 공상Phantasien은 지구의 새로운 노모스 문제에 답을 주지 않는다. 자연과학에 새로운 발견이 있다 해도 마찬가지이다. 인류의 사고는 다시 한번 지상적 현존재의 근원적 질서로 향해야auf die elementaren Ordnungen ihres terrestrischen Daseins 한다. (같은 곳)

---

15   *Op. cit.*, p. 46.[국내서는《대지의 노모스》(최재훈 옮김, 민음사, 1995) - 옮긴이]

반면 1962년에 슈미트는 지구의 일을 돌연 부차적으로 보이게 하는 우주의 분배(노모스) 문제를 "공상적인 형식"이 아닌 매우 진지한 방식으로 고려했다.

측량할 수 없는 새로운 공간neue unermessliche Räume이 우리를 향해 열려 있고, 이 공간은 인간의 모든 활동과 같은 방식으로 취득되고 분배된다genommen und geteilt. 이전부터 우리는 지구의 노모스에 대해 이야기해왔다. 오늘날 문제는 무한으로 확장되어, 우리는 우주의 노모스를 생각해야 하는 지경에 이르렀다. 우주 공간의 취득과 분배라는 엄청난 규모에 비하면 과거의 역사적 사건 —땅과 바다의 점령과 공중의 정복까지— 은 작고 보잘것없는 일로 여겨진다.[16]

그러나 슈미트가 자신의 《주해집》에서 언급했듯이, 모든 법적 질서가 일종의 잔여, 즉 법적 질서를 벗어나는 자유로운 공간을 가정하는 것이 사실이라면, 우주가 이미 인류에 의해 이렇게 점령되어 있는 때에, 어떻게 우주가 미래의 새로운 노모스를 형성하는 역할을 할 수 있겠는가?

우리는 슈미트가 먼저 지구의 세계화를 구획 짓는 취득의 역

---

16 "L'ordre du monde après la Deuxième Guerre mondiale (2차 세계대전 이후 세계 질서)"(1962), *La Guerre civile mondiale* (세계 내전), *op. cit.*, p. 69.

사를 추적하고, 그다음 새로운 법적 상태의 주체로서의 인류의
출현을 분석하는 과정을 따라가면서, 이 질문을 최대한 천착해
야 한다.

공간의 취득과 분배

　　　　　　지정학 및 국제법 문제에 대한 슈미트
식 접근에 중심 개념이 있다면, 바로 **노모스** 개념이다. 1950년
에 출간된 《대지의 노모스》라는 위대한 책을 시작하면서 슈
미트는 다음과 같이 고찰한다.

> 최초의 공간 분할과 분배로서의 최초의 땅 취득, 즉 근원적 분할과
> 근원적 분배에 해당하는 그리스어가 노모스Nomos다.[17]

　　플라톤 이래로 '노모스'라는 단어는 이런 의미보다는 법, 규
범 또는 규칙을 뜻한다고 이해하는 경향이 있다. 그러나 슈미
트는 이 단어가 본래 말하고자 하는 "땅의 취득과의 연관성"(p.
72)으로서 지닌 의미를 복원하려 한다. 그리고 《대지의 노모

---

[17] Das griechische Wort … für die erste Landnahme als erste Raum-Teilung
und-Einteilung, für die Ur-Teilung und Ur-Verteilung ist : Nomos(*Op. cit.*,
p. 70)

스》의 일종의 후속 "결과"인 1953년의 논문에서 그가 설명하
듯이,[18] 동일한 용어의 두 가지 다른 의미가 파생되는 것은 구
체적으로 땅에 정착하는 데서 비롯된다. 초기의 기본적 취득
이후에 "근원적인 분배(Ur-Teil)"가 뒤따르고, 그 이후에 "생
산"을 목적으로 땅을 이용하고 관리한다. 요컨대 슈미트의 결
론은 다음과 같다.

인간의 공동생활의 각 단계에서, 경제 및 노동의 모든 조직에
서, 법의 역사의 모든 시기에, 우리는 이런저런 방식으로 취득
하고 나누고 생산했다. 모든 법적·경제적·사회적 질서를 비롯
해 이와 관련된 이론을 검토하기 전에 간단한 질문을 던질 필
요가 있다. '언제, 어디서 이것들이 취득되었는가? 언제, 어디
서 이것들이 분배되었는가? 언제, 어디서 이것들이 생산되었는
가?'(같은 책, pp. 53~54)

이 삼중의 질문은 역사 속의 이러한 지정학적 움직임을 합리
적으로 특징짓게 해주는 일련의 엄밀한 분석이나 조합을 구성
할 수 있는 것처럼 보인다. 예컨대 제국주의는 "분배에 대한 취

---

18 "Prendre/partager/paître (취득/분배/착취)", *La Guerre civile mondiale*,
op. cit., pp. 52~53. 슈미트 자신은 이 논문을 《대지의 노모스》의 일곱
번째 결과"라고 표현한다(p. 62).

득의 우위"(p. 60)로 새롭게 정의된다. 그러나 슈미트는 노모스가 지닌 세 가지 의미에 대한 짧은 고찰을 마치는 순간 무엇보다도 "세계 통합의 현재 상태"(p. 61), 즉 한계와 끝에 도달한 세계화 또는 지구화가 무엇인지 묻는다.

> 인류는 이제 진정으로 그들의 땅을 '점령'해서 더는 취할 땅이 없는가? 취득은 이미 멎었고, 남은 것은 전부 다 분배되었는가? 혹은 생산밖에는 없는가? (같은 책, pp. 61~62)

곧 알게 되겠지만, 이러한 질문에 대한 응답은 지구 공간 밖에서, 대기권 밖에서 찾을 수 있을 것이다.

하지만 너무 서두르지는 말자. 지구의 노모스에서 우주의 노모스까지가 아주 작은 걸음밖에 안 되는 양 너무 빨리 나아가지도 말자. 슈미트의 사유에서 취득, 장악, 점유는 우리가 고려해야 하는 또 다른 양상과 발전의 대상이다.

계속해보겠다.

일부는―그리고 일부만―새로운 지정학적 질서의 기초가 되는 다양한 땅의 취득[19] 외에 실제로 공간에 대한 또 다른 취득,

---

19 *Le Nomos de la Terre*, *op. cit.*, p. 83 참조. "물론 모든 침략이나 모든 일

또 다른 점유도 있다.

우선은 땅, 그다음에는 바다, 그 뒤에는 공중 등등을 말할 수 있을 것이다. 그러나 한편으로는 정확히 이것이 우리가 앞으로 할 일련의 질문들의 한계이자 끝이다. 그리고 다른 한편으로는 그 일련의 것들의 기원인 **토양적인 것**은 슈미트에게서 언제나 변함없이 특권을 누릴 것이다.

이런 내용은, 슈미트의 헌사에서 알 수 있듯이 "(그의) 딸 아니마에게 이야기해준", 일종의 지정학 이야기에서 거의 소박한 어조로 들을 수 있다.

인간은 땅의 존재Landwesen, 곧 땅을 밟고 있는 존재Landtreter 다. 인간은 단단한 대지 위에 서서 걷고 움직인다. 그 대지가 그가 서 있는 곳이자 그의 토대sein Standpunkt und sein Boden 다. 대지를 통해 인간은 자신의 시점Blickpunkt을 얻으며, 이것이 그가 받는 인상들과 세계를 바라보는 방식을 규정한다. … 그래 서 그가 사는 별을 "지구"라고 부른다. 지구 표면의 4분의 3이 물로 덮여 있고, 땅은 4분의 1뿐이며, 대륙의 광대한 부분이 단

시적 점령이 질서의 기초를 잡는 땅의 취득(eine Ordnung begründende Landnahme)은 아니다. 세계사(Weltgeschichte)에서 순식간에 스스로 해체 되어 버리는 폭력행위(Gewaltakte)는 늘 존재했다. 따라서 모든 영토의 탈 취(Wegnahme des Landes) 역시 노모스는 아니며, 역으로 우리가 의미하는 노모스는 언제나 땅과 관련된 하나의 장소 확정과 질서(eine bodenbezo-gene Ortung und Ordnung)를 포함한다."

지 물 위에 뜬 섬이라는 사실을 알고 있음에도. 지구가 구球와 비슷한 형태임을 알게 된 후 우리는 마치 그것이 가장 큰 증거인 양 이 별을 "대지 공Erdball" 또는 "대지 구球 Erdkugel"라 부른다. "바다 공Seeball"이나 "바다 구Seekugel"를 상상하는 건 이상할 것이다.[20]

슈미트는 몇 년 뒤에 《대지의 노모스》에서 땅과 달리 바다는 "공간과 법 사이에, 질서와 장소 확정 사이에 명백한 통일성이 없다"[21]라고 썼다. 그러니까 바다는 본질적으로 "자유로운frei"데, 바다에는 그 위를 누비고 다니는 이들의 통행 "흔적Spur"이 전혀 남지 않기 때문이고, 아무것도 새겨지지도 기입되지도 않기 때문이다. 그 자체로 점유할 수 없는 바다는 무엇보다도 "자유로운 약탈의 자유로운 무대ein freies Feld freier Beute", 모든 종류의 해적질과 강도의 영역이다.

그럼에도 슈미트가 "해상 제패"라고 부르는 거대한 해양 제국의 탄생과 더불어 바다 역시 질서에 복종한다. 바다는 "바다 취득Seenahmen"의 무대가 된다. 다시 말해 바다는 오랫동안 해

---

20 Carl Schmitt, *Land und Meer. Eine weltgeschichtliche Betrachtung*, Klett-Cotta, 2008 (초판 1942년), p. 7. [국내서는 《땅과 바다 : 칼 슈미트의 세계사적 고찰》(김남시 옮김, 꾸리에, 2016) - 옮긴이]

21 "… keine sinnfällige Einheit von Raum und Recht, von Ordnung und Ortung" (*op. cit.*, p. 48).

양 강국이었던 영국처럼 기술적으로 숙련된 지정학적 실체의 지배를 받는다. 그럼에도 해양 영역의 이러한 점유는 땅의 점유와는 그 속성이 완전히 다르다. 그리고 같은 이유에서 해양법 체계에 관한 논쟁은 외계 공간에 관한 법에 영감을 불어넣을 수 있었다. 이는 선박 항해에 관련된 어휘가 우주 통행에 관한 불가피한 은유, 비유적 전용을 일상어에 제공한 것과 같다.[22]

따라서 슈미트는 땅과 바다를 "명확하게 분리되고 구별될 수 있는 세계"[23]로 여긴다. 이 두 세계는 우리 지구의 표면에서 서로

---

22 우주 공간의 법을 구성하면서 우주를 해양에 빗대는 것의 역할에 관해서는 가령 〈우주 공간에서의 주권, 영토, 국가의 분리Unbundling sovereignty, territory and the state in outer space〉(Securing Outer Space, op. cit., p. 11, 21)에서 질 스튜어트Jill Stuart의 발언을 참고하라. 국제해양법재판소의 전前 재판관인 헬무트 튀르크Helmut Türk 판사는 최근 우주 공간을 "인류의 공동 유산(res communis humanitatis)"으로 간주하는 법적 해결책이 국가 관할 밖에 위치한 해저에 대해 채택된 모델('달 협정 협상The Negotiation of the Moon Agreement', 2009년 3월 23일 달 협정 30주년을 맞아 UNOOSA의 후원하에 빈에서 열린 우주법 심포지엄에서 발표됨)을 기반으로 도입되었음을 상기시켰다. 우주의 항해(우주비행사가 우주선을 타고 하는)에 관해서는 카테리나 레스타Caterina Resta가 아름다운 에세이에서 슈미트에 대해 언급한 부분을 참조하라(Stato mondiale o nomos della terra. Carl Schmitt tra universo e pluriverso, Antonio Pellicani Editore, 1999, p. 38). "'해양'이라는 용어는 공중과 우주 공간, 대기권과 통신 공간 같은 새로운 공간에서도 지속될 것이다." 말하자면 해적의 형상을 마찬가지로 적절하게 계승하는, 인터넷을 **항해하는** 네티즌 말이다. 주지하듯이 우주와 해양의 결합은 '미국의 새로운 세기를 위한 프로젝트Project for the New American Century' 조직 내 미국 신보수주의자의 경우도 다르지 않았다(39쪽 각주 13번 참조).

대립하고(칸트가 '지구의 토지globus terraqueus'라고 자신의《법이론의 형이상학적 기초 원리Metaphysische Anfangsgrunde der Rechtslehre》§62에서 썼듯이), 그 대립이 슈미트가 조금은 향수에 젖어《대지의 노모스》를 쓰기 직전에, 지구가 파괴될 때까지 우리 행성의 유럽 중심적 노모스를 구조화한 요소이다.

그런데 이 노모스 ─ 그것의 토대에 정복을 위한 자유롭고 유동적인 공간이 있다는 것을 잊지 말자 ─, 즉 이 안정적인 지정학적 질서는 슈미트가 볼 때 전쟁을 제한하는 장치이기도 했다. 경계를 긋고 테두리를 두르는 방식은 교전 중인 나라들 상호 간의 인정 속에서 이루어진다. 인도주의적 평화주의에 대한 슈미트의 분석을 읽을 다음 장에서 이에 대해 다시 다룰 것이다. 슈미트에게서 흔히 그렇듯이, 전쟁 상황은 땅과 바다의 구획, 다시 말해 공중전에 의해 재검토되기 전에 땅과 바다가 접경 지역으로서 지닌 평형 상태를 파악하게 해준다.

따라서 항구를 봉쇄하거나 해안가에 있는 도시가 폭격을 당하는 경우, 전쟁은 "바다에서부터 땅으로 곧장, 그리고 해양전의 특정한 수단을 동원해" 이루어질 수 있다. 그러나 이러한 "해양전과 육지전 간의 충돌"은 두 영역의 "가장자리에am Rande" 한정되어 있다. 이러한 충돌은 무엇이 두 영역을 근본적으로 구별되게 만드는지는 문제 삼지 않는다. 다시 말해 두 영역의 **순**

---

23 *Le Nomos de la Terre, op. cit.*, p. 309.

수성을 훼손하지 않는다.[24] 이렇게 구조화된 노모스에서, 슈미트가 마치 "'같은 평면에서' 공간적으로 얼굴을 맞대고" 있는 것과 같다고 설명하는 것처럼, 대결과 무력 충돌이 일어난다. 적들은 작전 무대에, 그들이 **서로 마주하도록** 옮겨놓은 동일한 영역에 **함께 존재**한다.

슈미트가 보기에 공중전은 이처럼 "수평으로 마주 보는"(p. 316) 것을 완전히 뒤엎어버리는, 항공에 의한 공중의 정복이다. 공중전은 마주 봄을 완전히 전복시키는데, 공중에서의 충돌에는 "무대Schauplatz도 관객도 더는" 없기 때문이다. 상대편이 **등 장**할 수 있는, 즉 모습을 보이고 함께 존재할 수 있는 무대 위에서 전쟁이 일어나지 않게 되자 이제 대결에는 **전방도 지평도** 없어졌다.[25]

평평하고 지면에 고정된 전쟁이 끝나는 시점인 1950년에 《대지의 노모스》가 완성된다. 그리고 슈미트가 "모든 법이 뿌리를 두고 있으며 … 대지와 결합된 근원"(p. 52)이라고 부른 것이 없어졌을 때, 노모스와 같은 개념에 무엇이 남을지 우리는 의문을 갖게 된다.

---

24 "전통적인 유럽 법에 따르면 육지전은 '순수하게' 육지에서만 벌어졌고 해상전은 '순수하게' 해상에서만 벌어졌다"(*ibid.*, p. 388).

25 "… 공중전에서 사람들이 어떤 범주에서 여전히 지평을 말할 수 있느냐가 문제다"(*ibid.*, p. 318). 그러나 슈미트가 썼듯이, 이러한 **지평성**의 소멸은 "잠수함이 더 광범위하게 등장"(p. 318)했을 때 이미 예측된 일이다.

사실 슈미트의 후기 저작에서는 이중의 제스처를 볼 수 있·
다. 한편으로 그는 대지와의 기본적인 연관성을 재확인한다.
마치 대지와의 임박한 단절이 그것에 매달리려는 욕구를 자극
하기라도 하는 것처럼. 그리고 다른 한편으로, 그는 노모스의
삼중의 의미(취득, 분배, 생산적 착취)를 점점 더 추상적이거나 비
현실적인 요소와 환경으로 확장한다.

1962년에 출간된《파르티잔론》또한 이 두 극점 사이를 인상
적으로 오간다. 한쪽에서는 "현역 전사의 특별히 대지적인" 본
성을 긍정하고, 다른 한쪽에서는 대지적 본성을 "강제 이주"시
키는 "기계화"를 고찰한다. "파르티잔은 자신이 기계화되는 정
도에 따라 자신의 대지를 상실"한다고 슈미트는 쓴다. "그는 자
신의 대지를 상실"하지만, 그럼에도 "완전히 파괴되지는 않은
세계사의 요소, 여전히 대지가 지닌 마지막 기둥einer der letzten
Posten der Erde"²⁶이다. 땅으로부터의 이러한 흔들림—우리는
땅에 매달리다가도 땅을 벗어나고, 땅으로부터 멀어지고, 땅으
로 다시 돌아온다—, 대지화와 탈대지화 사이의 이 진자 운동

---

26 "Théorie du partisan", *La Notion de politique, op. cit.*, p. 224, 284, 278.
　〔여기서 파르티잔은 우선 "해전의 해적"과 비교된 뒤에 "약간의 진짜 땅
　(ein Stück echten Bodens)"의 대표자로 규정된다.〕 [국내서는《파르티
　잔》(김효전 옮김, 1998, 문학과지성사) -옮긴이]

은 슈미트가 파르티잔의 형상을 우주적 범위로 확장하는 것을 상상할 때 정점에 이른다. 이 **우주 파르티잔**은 자신의 **어머니 지구**를 그토록 멀리 떠났으면서도 여전히 **지구를 위해** 투쟁하기 때문이다.

우리의 문제는 전 지구적 차원으로 확대된다. 더 나아가 초지구적 문제ins Über-Planetarische로 증대된다. 기술적 진보는 우주 공간으로의 항해를 가능케 하고 그에 따라 동시에 정치적 정복을 위해 무한히 새로운 도전이 열린다. 그 새로운 공간은 인간에 의해 취득될genommen 수 있고 또 취득되지 않으면 안 되기 때문이다. 지금까지의 인류 역사에서 알려진 대로 옛 방식의 땅의 취득과 바다 취득Land-und Seenahmen에 이어 새로운 방식의 공간 취득Raumnahmen이 뒤따를 것이다. … 작아진 이 지구를 지배하는 자만이 새로운 공간이라는 장을 취득하고 이용-nehmen und nutzen할 수 있을 것이다. 따라서 이 무한한 영역마저 단지 이 지구상의 지배권을 둘러싼 잠재적 투쟁 공간potentielle Kampfräume에 불과하다. 그렇게 된다면 지금까지는 매스미디어와 신문과 라디오와 텔레비전 광고의 대스타로서만 생각된 유명한 우주비행사들은 우주 해적Kosmopiraten, 어쩌면 우주 파르티잔Kosmopartisanen으로 변모할 기회가 생길지 모른다. (《파르티잔론》, pp. 288~289)

칸트와 유사한 이러한 제스처는 지구에서 가장 멀리 떨어진 곳으로부터 지구로의 즉각적인 송환과 재지구화로 귀결된다. 슈미트는, 모든 종류의 우주 전사는 그들을 지구에서 떨어뜨려 놓는 항성 거리가 어떻든 지구의 권력 관계에 이해가 걸려 있다고 말하는 것 같다.

확실히, 명목상으로라도 지구의 중력을 확인하지 않은 채 붙잡은 것을 놓고 무중력 상태로 뛰어들기란 어려워 보인다. 여기서 슈미트의 불안은 무엇이며, 슈미트를 읽어내는 우리 지구인 모두의 불안은 무엇인가? 아마도 우리는 이 지구를 떠남으로써 현존이라는 그토록 높은 가치에 대한 집착까지 무너뜨릴 수 있다는 생각에 동요하는지도 모른다. 스탠리 큐브릭의 〈스페이스 오디세이Space Odyssey〉부터 안드레이 타르콥스키 혹은 스티븐 소더버그의 〈솔라리스Solaris〉에 이르기까지, 얼마나 많은 SF 영화가 우주의 경계를 어제와 오늘과 내일을 구별할 수 없는 공간으로 보여주었던가?[27]

---

27 제프리 베닝턴이 《칸트의 경계들》에서 "문명의 경계"(*op. cit.*, p. 12)라는 의미에서 국경에 대해 말하면서 썼듯이, "국경 너머, 미래는 과거다." 그러나 미래주의적 영감 — 예를 들면 스탠리 큐브릭의 영감 — 은 영원 회귀라는 니체적 원천과 심지어 《별에 의한 영원성L'Éternité par les astres》에서 "우리를 닮은 사람의 수는 시공에서 무한하다"(Librairie Germer Baillière, 1872, p. 74)라고 가정한 오귀스트 블랑키August Blanqui의 원천으로부터도 유래한다. 어떤 경우에든 모리스 블랑쇼Maurice Blanchot의 발언 — "SF의 바람직한 사용(Le bon usage de la science-fiction)",

슈미트가 1962년에 썼듯이 그에게 항상 "우주 정복은 … 순수한 미래pure Zukunft "다.²⁸ 달리 말하면, 우주 정복은 **순수하게** 도래할 것으로 남아 있고, 《대지의 노모스》에서 **순수한 육지전**과 **순수한 해양전**이 대립하는 것과 같은 방식으로 **순수하게** 현재와 대립한다—따라서 우주 정복은 안정적인 현존에 머무른다—. 확실히 이러한 대립의 순수성은 우주의 노모스가 단순히 미래에 대한 기대라는 생각을 방해할 뿐 아니라, 우주의 노모스가 과거로부터 출현하고 후퇴하기를 반복하며 **우리 자신을** 인류로 파악하게끔 이미 존재한다는 생각도 방해한다.

그렇더라도 슈미트를 읽으면서 일시적으로나마 지구로, 우리 행성 지구에서의 현존 또는 공존으로, 취득과 분배가 지속할 수 있는 가능성으로서 법의 토대이자 닻인 지구와 지상으로 다시 안내되는 것을 받아늘이자. 지구로의 송환에 농의할 때에야 비로소 지구 행성이 완전히 고갈되었음을, "**지구의 땅**globus terraqueus"이 "더 취할 것이 없는"²⁹ 지점까지 지구화되었음을

Nouvelle revue française, 1959년 1월)—을 기반으로, "예언적 기능의 놀라운 표현"으로서 SF가 지닌 힘이라고 생각해야 한다. 블랑쇼가 쓴 대로, "예언자들은 미래를 예견할 뿐만 아니라, 있을 수 없으나 도래하는 것들, 도래함으로써 **현재를 불가능하게 만드는** 것들에 대해 말하기 때문이다"(p. 94, 나의 강조).

28 "L'ordre du monde après la Deuxième Guerre mondiale", *La Guerre civile mondiale, op. cit.*, p. 70.

29 "Prendre/partager/paître", *La Guerre civile mondiale*, p. 62에서 슈미트

분명하게 볼 수 있으니, 지상으로 돌아가자.

사실 슈미트는 1978년에 쓴 마지막 텍스트에서 매우 인상적으로 역사를 응축하여 표현한다. 그는 바다 취득Seenahme에서 자신이 "산업 점령Industrienahmen"이라고 부르는 것으로의 이행 과정에 대해 현기증이 날 정도로 돌출된 비전을 제시한다. 산업 점령이 "지구적" 수준이 되어야 "세계 공간 취득Weltraumnahme"[30]도 비로소 가능하다. 따라서 최후의 취득, 최종적 장악 혹은 점유 — 세계화도 마찬가지로 — 는 슈미트가 보기에 정치의 종말을 의미할 것이다. 말하자면 정치는 경제에 봉사하는 세계 경찰에 의해 해체될 것이다.[31]

이 **지구의 땅**에 여전히 살고 있는 우리 지구인들에게 남은 질문은 세계화 **이후**(정확히 순수한 미래가 아니라 과거로부터 돌아오는 그 이후) 우리를 사로잡고 있는 질문이기도 하다. 바로 **새로운** 공간 질서에 대한 질문이다. 곧 보게 될 이 질서는 과거가 회귀하는 방식으로 선언될 것이다. 말하자면 슈미트의 세계사 해석

자신이 썼고 우리가 읽었듯이 말이다.

30 "La révolution légale mondiale (세계의 법률 혁명)", *La Guerre civile mondiale, op. cit.*, p. 145.

31 "세계 정치(Weltpolitik)는 종말을 맞이하고 세계 경찰(Weltpolizei)로 전환하고 있는데 이는 수상한 진전이다."(같은 곳)

에 따르면 4세기 동안 지구의 노모스가 형성된 방식으로, 즉
"지구 일주와 15, 16세기의 위대한 발견"[32]에 힘입어 지구의 지
정학적 질서가 형성된 방식으로. 노모스가 해체된 **이후에**— 이
'이후에'가 또 다른 노모스의 형태를 가지든 그렇지 않든 간에
—우리를 기다리는 것이 무엇인지 알고자 한다면, 그것이 형
성되는 조건에 관심을 기울일 필요가 있다. 슈미트의 논리를
따르면, 일반적으로 노모스가 형성되도록 하는 것에 대해서 말
이다.

　그런데 우리는 슈미트의 《주해집》에서 "자유로운 공간 없
이" 법은 없다고 읽었다. 다시 말해 "법을 넘어선 자유로운 공
간" 없이는 "합법적 장악과 경계"도 없다는 말이다. 이는 아마
슈미트가 노모스라고 부른 것의 최초의 토대일 것이며, 법적
영역과 법과 무관한 영역, 법 내부와 법 바깥을 나눈다. 실제로
슈미트는 《대지의 노모스》에서 다음과 같이 쓴다.

　… 두 가지 다른 종류의 땅의 취득Landnahmen, 즉 기존의 국제
　법적 전체 질서의 '내부'에서 발생하며 즉각적으로 다른 민족
　의 승인을 얻는 땅의 취득과, 기존의 공간 질서를 파괴하고 이
　웃 민족들의 전체 공간 영역에 새로운 노모스의 기초를 확립하
　는 '또 다른' 땅의 취득이 존재한다. 모든 영역 변동은 땅의 취

32　*Le Nomos de la Terre, op. cit.*, p. 87.

득과 결부되어 있다. 그러나 그렇다고 해서 모든 땅의 취득, 모든 경계선의 변경, 그리고 식민지의 모든 새로운 취득이 '새로운' 노모스를 구성하지는 않는다. 특히 그것은 소유주가 없는 자유로운 공간이 있는지 여부ob ein Spielraum freien Bodens vorhanden ist를 아는 것에 관한 것이다. (《대지의 노모스》, p. 85)

공간을 취득하고 분배하고 착취하는 모든 노모스가 본질적으로 지구 공간 배치의 평형, 즉 안정적인 지정학적 구조를 의미한다면, 우리는 노모스의 형성이 기존 질서에 포함되지 않은 움직임의 가능성을 전제한다는 것을 알 수 있다. 새로운 노모스의 수립은 '자유로운 공간Spielraum'이라는 독일어 단어가 가리키듯이 놀 수 있는 공간을 암시한다. 이곳에서 노모스는 움직이고, 동요하고, 와해될 수 있다.

그렇기에 슈미트는 1492년에 아메리카 대륙이 발견된 이래로 조금씩 자리 잡은 지정학적 질서의 탄생을 분석하려 시도하면서 그가 "다음 세기에 본질적이고 결정적인 요소"라고 부르는 것을 강조한다. "불쑥 출현한 이 새로운 세계가 새로운 적이 아니라 유럽의 점령과 팽창을 향해 열린 **자유로운 공간**으로 등장했다는 것"(p. 88)이다. 이와 동일한 논리의 수많은 다른 진술을 《대지의 노모스》에서 더 찾아볼 수 있다. 자유롭게 점유될 수 있는 공간의 존재야말로 이 공간을 외부로 남아 있게 하는 질서를 수립하고 안정시키는 것이다.[33] 요컨대 노모스가 있으려면 **예외적 외부**가 남아 있어야 한다. 이 예외적 외부는 그럼에도 노모스 자체가 가능케 하는 조건으로서 노모스의 일부를 형성한다.

그런데 그 존재가 새로운 세계 질서의 출현 가능성을 열어주는, **법으로부터 자유로운** 공간이란 무엇인가? 그것은 본질적으로 **비어 있는** 공간이다. 슈미트가 자신의 딸에게 들려주는 지정학적 이야기에서 강하게 단언하듯이, 비어 있는 공간이 **항상** 있었던 것은 아니다(이 대목은 다시 다룰 텐데, 그런 공간이 아직 남아 있다고 한 것은 아니다).

---

33 슈미트는 가능한 모든 방식으로 다음과 같이 반복해서 말한다. "거대한 자유 공간(riesiger freier Räume)의 출현과 신세계의 땅의 취득(Landnahme)은 국가들 사이에 새로운 유럽의 국제법, 즉 국가 상호 간의 구조를 가능케 했다(ermöglichten). 16세기부터 19세기 말까지 지속된 국가 상호 간에 국제법이 통용되던 시대는 유럽에서의 전쟁을 제한하고 제거함으로써 진정한 진보를 실현했다. 이 위대한 성공을 실현할 수 있었던 것은 광대한 **자유로운 공간**이라는 배경 속에서(auf dem Hintergrunde) 이루어진 구체적인 새 공간 질서의 출현, 대영 해양 제국과의 상호작용 속에서 유럽 대륙 내 영토 국가 간의 균형 덕분이었다"(p. 141, 슈미트의 강조). 또는 다음과 같이 말한다. "유럽 대륙의 국가 상호 간 새로운 질서는 **유럽이 신세계의 영토를 취득한 이후에 발생한다**"(p. 142, 나의 강조). 혹은 마지막으로 이렇게도 말한다. "그럼에도 불구하고 세력 균형 개념(Gleichgewichts-Vorstellung)을 통한 공간 질서(Raumordnung)는 유럽 강대국들이 17세기부터 19세기까지 유럽을 제외한 지구 전역을 식민지 확장을 위한 자유로운 공간(ein freier Raum kolonialer Expansion)으로 삼을 수 있었다는 사실을 **필수 조건이자 토대로 삼았다**"(p. 161, 나의 강조).

코페르니쿠스는 지구가 태양 주위를 돈다는 것을 최초로 과학적으로 증명했다. … 그의 책《천체의 회전에 관하여 De revolutionibus orbium coelestium》는 1543년에 발표되었다. 이로써 코페르니쿠스는 분명 우리의 태양계를 바꿔놓기는 했지만, 그는 여전히 우주 전체, 즉 코스모스가 경계가 있는begrenzt 공간이라는 관념에 사로잡혀 있었다. 광대한 우주라는 의미에서의 세계, 따라서 공간 개념 자체는 아직 바뀌지 않았다. 그로부터 몇 십 년 지나지 않아 이 경계가 사라져버렸다. 조르다노 부르노의 철학 체계에서 지구라는 행성이 태양 주위를 도는 태양계는 끝없는 하늘의 수많은 태양계 가운데 하나에 불과하다. 갈릴레이의 과학적 실험 이후 그러한 철학적 추측은 수학적으로 증명 가능한 진리가 되었다. 케플러는 행성들의 타원 궤도를 계산해냈다. 비록 그 역시 행성계들이 어떠한 상상 가능한 경계나 중심도 없이 움직이는 무한한 공간들을 생각하며 전율했음에도. 뉴턴의 이론과 함께 공간에 대한 이 새로운 개념이 계몽된 유럽 전역에 확고히 자리를 잡았다. 물질 덩어리인 별들이 무한한 빈 공간 속에서 중력의 법칙에 따라 인력과 척력 사이의 균형을 유지하면서 움직인다. 그 이후로 사람들은 비어 있는 공간을 상상할 수 있게 되었다. 그 이전에는 그런 상상을 하지 못했다.[34]

---

34 *Land und Meer, op. cit.*, pp. 65~66.

우화 같은 이 이야기에 많은 내용이 생략되어 있음은 의심할 바 없다. 그러나 우리에게 중요한 것은 그것의 전체 논리다. 다시 말해 서구에서 비어 있는 우주 공간에 대한 관념이 탄생했다는 것이 중요하다. 슈미트에 따르면 이는 "역사상 처음으로 인간이 실제 지구를 마치 공처럼 손에 넣을 수 있게" 한, 그가 "진정한 의미에서 최초의 완벽한 지구적 규모의 공간 혁명"(pp. 64~65)이라고 부르는 것을 가능케 한 사건이기 때문이다.

무한한 빈 공간이라는 관념 속에 담긴 이 변화Veränderung를 단순히 당시까지 알던 지구가 지리적으로 확장되어 나타난 결과라고 설명할 수는 없다. 이 변화는 너무도 근본적이고 혁명적이어서, 오히려 신대륙 발견과 세계 일주 항해가 더 깊은 변화가 겉으로 드러난 결과라고 말해야 할지도 모른다. 이것이 미지의 섬에 상륙한Landung 것이 발견의 시대 전체를 개시할 수 있었던 유일한 이유다. 종종 서쪽 또는 동쪽에서 온 사람들이 아메리카 대륙에 상륙하였다. 우리가 알고 있듯, 바이킹족은 이미 1000년경에 그린란드를 거쳐 북아메리카를 발견했다gefunden … 공간 혁명이란 그때까지 알려지지 않은 영역에 상륙하는 것보다 더 많은 것을 의미한다. 인간 삶의 모든 수준과 분야를 포괄하는 공간 개념의 전환을 전제로 한다. (같은 책, pp. 67~68)

여기서 슈미트가 행하는 것은 일종의 혁명 속 혁명이다. 신

대륙의 발견으로 야기된 공간 혁명은 이보다 앞서 나타나 이를 가능케 한 우주 혁명(코페르니쿠스와 그 후계자들의 '천체 회전론')이라는 배경 속에서 이루어진 혁명에 불과하다. 그러니까 빈 공간의 패러다임으로서 우주는 이미 존재하고 있었고, 우주의 발견은 지구의 공간 혁명, 즉 지구상에서 진정으로 지구적인 또는 지구화된 최초의 질서 수립에 선행했고 그것의 조건을 마련했다. 슈미트에 따르면 우주에서 텅 빔을 발명한 것은 지구에 다시금 노모스를 형성할 수 있도록 하는 자유로운 공간을 발견하게 해줄 것이다.

오늘날은 어떤가? 어떻게 우주 정복이, 별들의 전쟁이 새로운 세계 질서, 슈미트가 그 도래를 열렬히 탐구한 새로운 **노모스**의 발견이 등장하는 배경이 될 수 있는가?

우리가 이 질문에 쉽게 대답할 수 없는 것은, 이미 인용했던 《대지의 노모스》의 서문에서 슈미트가 썼듯이, "예기치 못한 신세계의 … 발견"은 "되풀이될 수 없는 역사적 사건"(p. 46)이기 때문이다. 실제로 그동안에 또 다른 대격변이 일어났다. 땅과 바다에 존재했던 서로 마주 보는 평면성이 해저전과 공중전에 의해 돌이킬 수 없을 만큼 복잡해진 것이다. 그리고 이처럼 공존할 수 있는 평면적인 공간의 소멸은, 세계 공간을 실제로 점유하고 있는 전 지구적 산업에 의한 지구의 고갈을 가져왔다.

따라서 노모스의 취득과 분배의 조건 자체로서, 새로운 지정학적 구조가 형성되는 전조로서, 자유로운 공간이 여전히 가능한지 의문을 품을 수 있다. 비어 있는 공간, 이 소극적 측면, **존재**라고 부를 수 있는 것의 이 이면은 위기에 처한 듯 보이고, 그 결과 노모스라는 개념 자체도 무의미해질 수 있다. 슈미트가 그랬듯이, 모든 것이 이미 지구에 점유되어서 우리의 행성에는 이제 **주인 없는 물건**res nullius도, 미래에 더 장악할 수 있는 영역이 더 이상 없을 거라고 의심할 수 있기 때문만은 아니다. 극히 자유로운 공간—우주, 즉 점유할 수 있도록 열려 있는 다른 모든 공간의 패러다임—이 이미 점령되어 인류 자신에게 선점당하고 있기 때문이기도 하다.

법률가들이 말하기를, 그것은 **인류의 공동 유산**이다.

인류가
닻을 올리다

1955년에 슈미트는 우주로의 기술적 확장에 대해 말하면서 "우리가 거주하는 행성을 만드는 것, 지구 자체를 우주선으로 만드는 것"[35]이라고 썼다.

---

35 "Die geschichtliche Struktur des Gegensatzes von Ost und West (동서 대립

그 직접적인 맥락(당시 에른스트 윙어Ernst Jünger의 책《고르디우스의 매듭Le Noeud gordien》을 둘러싼 논쟁)을 제외하면, 이 문장은 분명 슈미트가 "폭발적"이라고 묘사했던 기술력에 대한 인상적 이미지와 강력한 형상을 제공한다. 그것은 인류가 지상의 정박지를 떠나 그들의 행성, 그들의 삶의 조건 및 대기를 다른 행성으로 가져가게 해준다.[36] 그러나 이 문장은 우리라는 말을 함으로써 인류란 무엇인가?라는 질문을 무수한 논의보다 훨씬 더 잘 제기하기도 한다. 물론 이 질문은, 곧 칸트에게서도 보게 되겠지만, 엄밀히 말해 땅에서 멀어짐으로써만 제기할 수 있는 것이다. 여기나 저기가 아니라, 오로지 저 멀리에서 우리는 우리에게 이렇게 물을 수 있다. 우리는 누구인가?

그렇다 하더라도 어떤 식으로든 이미 일어난 칸트와의 우주여행을 시작하기에 앞서, 인류의 영향력이 의문시될 지구 밖 경계로 옮겨가기에 앞서, 우리는 여전히 지구에 머물러야 할 것이

의 역사적 구조), *Staat, Grossraum, Nomos. Arbeiten aus den Jahren 1916-1969*, Duncker & Humblot, 1955, p. 544(나의 번역).

36 나사의 관리자 중 한 명인 마이클 D. 그리핀Michael D. Griffin은 최근에 《워싱턴 포스트》(2005년 9월 25일)에서 다음과 같이 진술했다. "인류가 태양계를 식민화할 것이다. … 지구에서 사는 사람보다 지구 밖에서 사는 사람이 더 많을 것이다. 달에 사는 사람도 생길 수 있다. 목성과 다른 행성의 위성에 사는 사람도 생길 수 있다. 소행성에다 거주지를 짓는 사람도 생길 수 있다. 확실히 우리 생애에는 아니지만, 인류가 갈 곳들이 있으며 그들은 그런 곳들에 가게 될 것이다.…"

다. 지구를 토대로 하는 구속력을 잃고 점차 사라지는, 마치 인류를 새로운 지정학의 주체로 떠오르게 하는 듯 보이는 노모스를 지켜보기 위해서 말이다.

슈미트는 《대지의 노모스》에서 우리의 행성을 지배했던 유럽 중심주의 질서가 1890년에서 1918년 사이에 붕괴된 것에 대해 꽤 많은 페이지를 할애한다. 이 붕괴는 세계 공간의 실체가 상실되도록, 혹은 더 정확히 말해 그가 "일반적인 보편주의의 무공간성"[37]이라고 일컫는 것으로 이끈다. 이상하게도 저 너머가 비-공간non-espace이라면, 이는 그곳이 내용물이 없기 때문이기도 하고 너무 꽉 차 있기 때문이기도 하다. 다시 말해 그곳은 실제로 내용이 비어 있는데, 비-공간은 원칙석으로든 법적으로든 국경을 점점 덜 허용하는 "국제 공동체"의 확인과 맞물려 생겨나기 때문이다. 그러나 또한 "아직 실효적으로 점령되지 않은 무국적의 땅staatsfreiem Boden"(p. 232)이 사실상 더는 없기에 그곳은 이미 포화 상태다.

우주 공간에 대한 이러한 추상화는 인류가 지정학적 주체로서 등장할 수 있는 토대를 마련하며 아메리카 대륙의 발견으로 탄생했

---

[37] ··· die Raumlosigkeit eines allgemein Universalen (*Le Nomos de la Terre, op. cit.*, p. 228).

던 구舊 노모스의 소멸을 의미하는 동시에, 땅을 마음대로 취득할 수 있는 자유로운 장이 더는 존재하지 않는 순간을 의미하기도 한다. 오늘날 보아도 예리함이 바래지 않은 구절에서 슈미트가 통찰력 있게 썼듯이, 이는 점유 체제가 더는 단순히 지상에 한정되지 않으며, 주지하듯이 전 지구적 규모로 **세계 공간 취득**Weltraumnahme 을 준비하는 **산업 점령**Industrienahmen에 속함을 의미한다.

> 무공간적인 전 지구적 보편주의eines raumlos globalen Universalismus 라는 지배적인 관념은 국가와 구별되는 '경제', 즉 … 자본과 노동의 자유로운 이동을 동반하는 자유로운 세계무역 및 세계시장 ein freier Welthandel und Weltmarkt이라는 현실과 일치했다. (《대지의 노모스》, p. 233)

슈미트가 볼 때 이 "사회경제적 과정에 열려 있는 빈 공간"을 향한 변화에서 중요한 역사적 단계 중 하나는 미국이 1903년에 쿠바 및 파나마와 체결한 것과 같은 "국제적 개입을 다룬 조약"의 탄생이다. 이 조약이 체결된 결과, 식민지 개발이나 영토 장악이 더는 문제되지 않게 되었기 때문이다.

> 영토 주권의 외면적인, 허울뿐인 공간der äussere, entleerte Raum der territorialen Souveränität은 침해되지 않은 채 남아 있지만, 이 주권의 실제 내용은 변경된다. … 여기서 정치적 통제와 지배는

간섭에 기반하는 반면, 영토의 현상 유지는 보장된다. 통제국은 독립성이나 사유 재산을 보호하기 위해, 질서와 안전을 유지하기 위해, 정부의 정당성이나 합법성을 보장하기 위해, 또는 재량껏 정한 기타 이유로 피통제국의 문제에 개입할 권리가 있다. (같은 책, pp. 249~250)

오늘날 얼마나 많은 국가가 온전한 것처럼 보일 뿐, 허울에 불과한 주권을 지키면서 "통제되고" 있는가? 이라크에서 아프가니스탄에 이르기까지, 사례는 차고 넘친다…. 어쨌든 슈미트에게 이러한 공간의 텅 빔은 우주의 텅 빔이나 1492년에 발견된 신세계의 텅 빔과는 그 성격이 완전히 다르다. 그는 후자의 공간들을 진정으로 혹은 필연적으로 자유로운 공간으로 생각하는 것 같다. 반면에 1903년에 쿠비와 파나마는 내용이 인위적으로 비워졌고, 그들의 영토는 순수하게 공식적, 혹은 형식적인 소유의 의미로만 남았다.

이러한 대립에 아무리 신뢰를 부여하고 싶을지라도, 슈미트가 이렇게 서술한 것들은 우리가 막연히 세계화라고 부르는 것들의 전제들이다. 이 세계화는 슈미트가 "지구의 경계선에 대한 사유"[38]라고 규정한, 행성 지정학적 표현을 만들어낸 위대한

---

[38] "Globales Liniendenken"(*ibid.*, p. 89). 슈미트는 "전체의"나 "행성의" 같은 명칭보다 이 용어를 선호한다.

항해 이후에야 일어난 사건처럼 단순히 발견된 육지 공간의 확대로 정의할 수는 없을 것이다. 이러한 의미에서 세계화는 지구화가 아니다. 그것은 오히려 이미 취득되고 분배된 지구 공간의 미분화 또는 공동화空洞化일 것이다.

●

말하자면 이러한 **움푹 파인** 공간성은 슈미트가 "제네바 연맹의 실패"라고 명명한 것에 의해 더 깊이 **파인다**. 이는 실제로 칸트가 인류의 "정치적으로 완벽한 통합"을 구현할 수 있는 제도로 예견했던 국가 연합을 가리키기 위해 사용한 명칭이다. 우리는 칸트가 세계시민주의cosmopolitisme와 영구적 평화라는 기획에 할애한 구절을 여러 번 읽게 될 것이다. 슈미트에게 국제법의 범주 안에서 인류란 모든 실체의 "구체적 공간"을 비우는 데 기여한다. 즉 "보편적 원칙"이 "지구와 인류 전체"로 확장됨에 따라 "모두에 대한 모두의 개입"[39]에 이른다.

물론 슈미트 자신이 특히 《대지의 노모스》에서 신세계의 **정복**(p. 102 *sq.*)을 정당화하는 다양한 형태를 추적하면서 환기하듯이, 인류라는 관념에 호소하는 방식이 국가 연합에서 시작된 것은 아니다. 그러나 슈미트가 볼 때 국가 연합의 근대적 인

---

[39] "Grand espace contre universalisme (보편주의에 반대하는 넓은 공간)" (1939), Carl Schmitt, *Du Politique*, Richard Kirchhof 옮김, Pardès, 1990, p. 127.

도주의는 "전쟁 그 자체"를 "형법적 의미에서의 범죄"[40]로 만듦으로써 변형한다는 점에서 독특하다. 정당한 전쟁과 부당한 전쟁 간의 중세적 구별이 공세 또는 침략을 그 자체로 불법화하지 않았던 데 반해, "전쟁의 현재 이론"은 일종의 "습격이라는 범죄"를 도입한다고 슈미트는 쓴다. 정당하거나 부당한 원인의 특성을 고려하는 것과는 무관하게 "첫 발을 당기는 이가 … 이 새로운 범죄의 주동자"(p. 123)다. 슈미트가 볼 때 1924년 10월 2일에 공포된 제네바 의정서는 이에 대한 증거다. 영국에 의해 최종적으로 거부되기 전, 이 의정서에서는 침략 전쟁의 불법화가 제안되어 있었다. 또 1928년에 체결된 켈로그-브리앙 조약에는 "전쟁에 대한 규탄"(p. 269, 278)이 담겨 있다.

---

40 *Le Nomos de la Terre, op. cit.*, p. 122. 국가 연합의 "인도주의적" 기반에 대한 슈미트의 비판은 《정치적인 것의 개념》, p. 96을 참조하라. "인류라는 개념은 제국주의적 팽창에 특히 유용한 이데올로기적 도구이며, 경제적 제국주의의 특정한 수단이다." p. 99도 참조하라. "인류의 진정한 관념은 인류의 활동이 인도주의적이고 비정치적인 영역에 영향을 미치는 경우에만 〔국가 연합을 통해〕 여전히 구현된다." 그래서 슈미트는 "국제 경찰"에 대한 엠바고, 봉쇄, 제재의 실행에 대해 다음과 같이 썼다. "더는 반대자가 적으로 불리지는 않지만, 반면에 그는 평화를 깨뜨리고 교란한다는 이유로 '법과 인류의 바깥'에 놓일 것이다. 그리고 경제적 지위를 보호하거나 확장할 목적으로 수행된 전쟁은 프로파간다에 호소하여 십자군 전쟁 또는 인류의 마지막 전쟁으로 변형될 것이다 …"(p. 126). 인류 개념을 법적으로 다룬 역사는 다음을 참조하라. Daniel Heller-Roazen, *L'Ennemi de tous. Le pirate contre les nations* (모두의 적: 국가에 대항하는 해적), Le Seuil, 2010, pp. 169~186.

슈미트가 재차 강조하듯이, 이때부터 전쟁은 "광범위한 세계 내전"[41]의 위험성에 맞선 전 지구적 차원의 "경찰 작전Polizeiaktion"으로 변형된다. 따라서 **전선**이 없어서 더는 적군의 위치가 분명하지 않은 전쟁, 전쟁의 전통적 지위를 상실한 전쟁이자, 테러리즘과 반테러리즘, 게릴라전과 산발 투쟁의 또 다른 형식들을 허용하도록 전쟁의 틀을 규정하는 국제법을 상실한 전쟁이 된다. 슈미트가 볼 때 이는 실로 정치의 존재 자체를 흔드는 인도주의적 평화주의의 결과다. 한편으로 "세계 평화"는 "완전하고 최종적인 정치적 무관심"과 일치할 수 있기 때문이다. 그리고 다른 한편으로 "인류는 정치적 개념이 아니다."[42] 서로 맞물리고 또 서로를 되받아치기도 하는 인류와 평화라는 이 두 단어는 달에 최초로 착륙한 사람들이 그곳에 나란히 새기려고 했던 것들이기도 하다. 그들은 이 두 단어를 새로운 신세계의 경계라고 생각한 곳에 지울 수 없는 흔적으로 남겨두고자 했다. 이 두 개념은 또한 알려진 공간의 극한에서 정치의 종말을 나타내도록 예정된 것처럼 보였다.

---

41 *Le Nomos de la Terre*, *op. cit.*, p. 293, 299. '세계 내전(Weltbürgerkrieg)' 이라는 슈미트의 표현이 어디에서 기원했고 어떻게 계승되었는지는 뛰어난 서문인 다음 자료를 참조하라. Céline Jouin, "La guerre civile mondiale n'a pas eu lieu (세계 내전은 벌어지지 않았다)", *La Guerre civile mondiale*, *op. cit.*, p. 11 *sq.*

42 *La Notion de politique*, *op. cit.*, p. 96, 97.

이런 식으로 우리는 슈미트가 일종의 궁극적 한계, **도달점** terminus ad quem을 나타내기 위해 다음 문장을 여러 차례 사용하는 것을 볼 수 있다. "적어도 이 행성에는 적이 없으므로 인류는 전쟁을 벌일 수 없다."[43]

그가 죽은 지 사반세기가 지나 슈미트를 읽는 우리 지구인에게 이 문장은 **출발점**terminus a quo이 될 수 있을 것이다.

이것은 무엇을 의미하는가?

슈미트의 발언은 우리를 둘러싼 외계 공간에서 적이 도래하는 것을 예고한다고 볼 소지가 확실히 있다.[44] 혹은 차라리, 외계의 우주를 동지와 적이 대립할 **가능성**, 즉 슈미트의 의미에서

---

43 *ibid.*, p. 96. 주지하듯이, 동일한 문장이 마지막으로 출간된 슈미트의 저서 (*La Guerre civile mondiale, op. cit.*, p. 156)에서도 거의 그대로 반복된다. "전체로서 파악된 인류 그 자체는 이 행성에 적이 없다."

44 1999년에 프랑스 육군 장교 및 공병 협회에서 작성하여 자크 시라크와 리오넬 조스팽에게 제출한 이른바 〈코메타 보고서〉는 이 같은 관점으로 서술된다. 공군 사령관 데니스 레티Denis Letty는 서문에서 다음과 같이 쓴다. "UFO는 이제 우리 미디어 환경의 일부가 되었다. UFO를 다루는 영화, 텔레비전 쇼, 책, 광고 등은 이를 충분히 보여준다. 현재까지 프랑스에는 뚜렷한 위협이 감지되지 않았지만, 고등국방연구소 IHEDN(Institut des Hautes Études de Défense Nationale)의 선임 감사관들에게는 이 문제를 조사할 필요가 있어 보였다"("Les OVNI et la Défense – Le rapport COMETA(UFO와 방위 – 코메타 보고서)" 참조].

정치 그 자체로서의 가능성이 존재하는 장소로 설정한다고 볼
수 있다.

분명히 하자. 이는 **정치**, 즉 모든 정치적 행위나 정치 기구가
지구 행성에서는 사라지고 우주에서만 존속한다는 것을 암시
하지는 않는다. 그것은 터무니없는 일이며, 지구의 매 순간은
그와 정반대임을 극적으로 증명한다. 반면에 우리가 숙고해야
하는 것은 정치**라는** 특정한 개념, 즉 슈미트가 보기에는 무엇에
반대되고 무엇과 구별되느냐에 따라—말하자면 경제, 윤리,
미학 등등과—그 경계가 설정되는 이 정치라는 개념은 거기에
집착하는 이들이 무슨 말을 하든지 간에 우리 지구를 완전히
떠나버렸다.[45]

---

45 *La Notion de politique, op. cit.*, pp. 64~66 참조. "정치적 행위와 동기의
　　원인이 되는 특정한 정치적 구별(die spezifisch politische Unterschei-
　　dung)은 '동지'와 '적'의 구별이다(ist die Unterscheidung von Freund und
　　Feind). 이러한 구별은 기준(Kriterium)의 가치가 있는 판별 원칙(Begriff-
　　sbestimmung, 즉 개념적 정의 또는 규정)을 제공한다. … 이 구별이 다른
　　어떤 기준에서 도출되지 않는 한, 그것은 정치적 질서를 통해 다양한 다른
　　대립들의 상대적으로 자유로운 기준, 즉 도덕에서 선과 악, 미학에서 미와
　　추 등에 상응한다. 어쨌든 이 구별은 독립적이다. … 정치적 적은 도덕적 질
　　서에서 나쁘거나 미학적 질서에서 추하지 않을 수 있다. 정치적 적은 경제적
　　인 면에서 반드시 경쟁자 역할을 하지 않을 수도 있다. 경우에 따라서는 함께
　　사업을 하는 편이 유리할 수도 있다. … 도덕적으로 나쁜 것, 미학적 질서에
　　서 추한 것, 혹은 경제적으로 해로운 것이 반드시 적이 될 필요는 없다. 도덕
　　적으로 선하고, 미적으로 아름답고, 경제적 차원에서 유용한 것이 특정한
　　용어, 즉 정치적 의미에서 반드시 동지가 되는 것은 아니다. 동지-적의 대립

그러나 만약 **정치적인 것** 자체가 지구에서 점점 더 찾을 수 없
거나 존재할 수 없는 것처럼 보인다면, 인류가 이미 점령한 외
계 공간에서도 찾을 수 없을 것이다. **이곳에서처럼 그곳에서** 인
간들 사이의 인도주의가 정치적인 것을 경찰력, 즉 경제 질서
감시와 유지로 해체하기(우리는 우주의 **산업 점령**, 즉 지구 시장의
확장이자 다른 행성의 자원을 착취하기 위한 자유로운 유통의 강화에 대
해 이미 살펴본 바 있다) 때문만은 아니다. 그러나 또한 그리고 무
엇보다도 인류의 잠재적 적수인 외계인(칸트가 곧 완전히 다른 방

과 같은 특정한 대립이 다른 구별과 분리되어 독립적 요소로 인식될 수 있다
는 사실은 그 자체로 정치의 본질적인 객관성과 독립성을 보여준다(die
seinsmässige Sachlichkeit und Selbständigkeit des Politischen zeigt sich
schon in dieser Möglichkeit, einen derartig spezifischen Gegensatz wie
Freund-Feind von anderen Unterscheidungen zu trennen und als etwas
Selbständiges zu begreifen)." 자크 데리다는《우정의 정치 Politiques de
l'amitié》(op. cit., pp. 276~277)에서 슈미트를 "정치에 대한 최후의 위대한
형이상학자"로 규정하는데, 이는 슈미트가 대립의 순수성에 보이는 애착과
"대립 그 자체, 존재론적 역경"(p. 279)에 부여하는 신뢰에 따른 것이다. 이
러한 사실이 실제로는 슈미트로 하여금 정치적인 것 자체가 동지 대 적의
대립에 바탕을 둔다고 말하게 할 뿐 아니라, 특히 여기서 우리가 관심 있는
시각에서 볼 때 모든 질서가 명확하게 경계가 설정된 외부를 가정한다고 말
하게 하는 것이기도 하지 않은가? 그리고 이 '대립성'이 위기에 처할 때 이런
저런 구舊 노모스만이 해체되는 데 그치지 않고 노모스라는 개념 자체가 근
본적으로 불안정해진다. 게다가 내가 제안했듯이 슈미트의 논의가 땅의 취
득에서 공중과 우주 공간의 정복까지 이어지는 궤적을 통해 현존의 가치에
정박된 대지의 닻을 끊임없이 내세우는 것이 사실이라면, 데리다가 제기한
질문은 정치의 개념의 핵심을 건드린다. "'정치적'으로 '현재'란 무엇을 의미
하는가?"(ibid., p. 156)

식으로 인도해 만나게 될)이 슈미트가 확립한 순수한 정치적 개념
의 기초인 "동지-적의 양극성"에 새겨지지 않을 것이기 때문이
기도 하다. "동지와 적의 구별 가능성을 나타내는 것"[46]과는 거
리가 멀게, 인류가 **타자**— 동물도 초자연적인 것도 아닌 타자
인 **외계인**—에게 대항한 전쟁, 이러한 전쟁은 오히려 그들을
소멸시키도록 예정된 것처럼 보인다. "정치 너머"의 분쟁을 가
져옴으로써(슈미트는 이를 언급하면서 이미 지구에서 군사 행동이 인
도주의 명목으로 추진되고 매번 "인류 최후의 전쟁"의 마지막 수단으로
제시된다고 말한다) 이 분쟁은 《파르티잔론》 말미에서처럼 "실제
의 적"[47]을 대체한 "절대적 적"이 될 것이다.

다른 가능성, 다른 잠재성이 아니라면, **외계인**은 정치에 미치
지 못하거나 정치 밖에 있는(아마도 둘은 똑같겠지만), 위생적 성
격을 띤 처분의 대상일 뿐이다. 실제로 SF는 은하계 사이의 장
을 완전히 슈미트식 정치 용어의 의미에서 전투의 장으로 고전
적으로 재현하면서(예를 들어 조지 루카스가 1977년에 기획한 6부작
스페이스 오페라 〈스타워즈〉) 외계인을 다룰 때 확장된 인도주

---

46 *La Notion du politique*, p. 74.

47 "Der Krieg spielt sich dann in der Form des jeweils 'endgültig letzten
Krieges der Menschheit' ab … über das Politische hinausgehend …"
(*ibid.*). 《파르티잔론》의 마지막 부분(*op. cit.*, p. 299 *sq*)에는 '실제의 적에서
절대적 적으로(Vom wirklichen zum absoluten Feind)'라는 제목이 붙어
있다.

의라는 도착적 논리를 보여준다. 마찬가지로, 닐 블롬캠프Neill Blomkamp 감독의 〈디스트릭트 9District 9〉(2009)에서 외계인들은 요하네스버그 상공에서 우주선이 고장 나 혼란에 빠진다. 사람들은 그들에 의해 오염될까 두려워하고, 그들은 다국적 기구에 의해 우주난민 수용소에 고립된다. 그러나 리들리 스콧 Ridley Scott의 그 유명한 〈에일리언Alien〉(1979)이 나오기 훨씬 전에 〈신체 강탈자의 침입 Invasion of the Body Snatchers〉(돈 시겔 감독, 1956)에서 외계의 바이러스가 유해하다는 패러다임이 이미 자리를 잡았다. 이 영화에서는 우주에서 온 포자가 지구를 침략한 뒤 번식한다.

우리는 한참 뒤에서 인류를 위협하는 침략자라는 묘사 중 일부를 칸트의 시선에서 다룰 것이다. 어쨌든 우리는 최근 지구에서 전개된 법률의 역사에서 그들의 서툰 특성과 우주의 위협을 **의료화**하려는 징후를 발견할 수 있었다.[48] 그러한 징후는 예를 들면 외계인이 아닌 경우 중에 적어도 그들과 접촉했을 수 있는 사람들의 지구 귀환을 유보하는 법률에서 찾을 수 있다.

---

48 여기서 우리는 미셸 푸코가 1974년에 "무제한 의료화"에 몰두했던 대목들을 떠올려볼 수 있다("Crise de la médecine ou crise de l'antimédecine? (의료의 위기인가, 반의료의 위기인가?)", *Dits et écrits, II* (말과 글 2), Gallimard, 2001, p. 48]. 의학적 개입에 대한 이러한 무한한 일반화를 "생명 정치"의 지평에 기입하든 그렇지 않든 간에 분명한 것은, 그러한 일반화는 슈미트의 정치 개념이 지닌 개념적 순수성이 자리 잡을 수 없게 되었음을 보여주는 증상이자 신호라는 것이다.

이 법률은 결코 정치적이지 않으며, 반대로 **공중위생** 측면에서 치료를 제공한다. **저 바깥**에서 돌아오는 이들, 위험한 곳 근처에 간 적이 있거나, 박테리아든 고등 유기체든 간에 잠재적 외계 거주자와 접촉한 이들은 **검역 대상**으로서 우리의 거주지인 지구의 외부에 격리된다. 따라서 미국에서 1969년에 공포된 (그리고 1991년에야 폐지된) 법안은 우주비행사가 외계인에게 "노출된" 뒤에 옮겨올 수도 있는 오염의 위험에 대비하기 위해 고안된 것이었다. '외계인 노출 법Extraterrestrial Exposure Law'으로 명명된 이 연방 조항 때문에 아폴로 11호 대원들은 21일 동안 격리되었다. 이는 지구에 돌아온 그들이 "모든 개인, 물체, 동물이나 다른 형태의 외계 생명체 또는 외계 물질과 … 매우 근접한 상황"[49]에 처했거나 "직접 접촉했을" 경우에 대한 두려움에 따른 것이었다. 그러나 우리가 부분적으로 읽은 유엔의 1967년 '우주 조약'의 아홉 번째 조항에도 몇 가지 유사한 예방 조치가 이미 포함되어 있었다.

조약 당사국은 달과 기타 천체를 포함한 우주 공간 연구를 수행하고, 외계 물질의 유입으로 발생하는 오염이 미칠 해로운

---

49 〈미국연방규정집Code of Federal Regulations〉'타이틀 14', '섹션 1211'의 문장을 인용했다. "'외계에 노출되었다'는 의미는 … 외계에 노출된 사람, 재산, 동물 혹은 기타 형태의 생명체나 물질에 직접 접촉했거나 근접한 (혹은 간접적으로 노출된) 것을 의미한다. …" (정의의 순환성에 주목하라.)

영향을 비롯해 지구 환경에 미치는 유해한 변화를 피하는 방식
으로 탐사를 수행한다.

우주에서 귀환한 이들(스콧 피터스가 만들어 2004년부터 방영된
TV 시리즈 〈4400〉에 출연했던)은 우리 모두와 같은 지구인이지
만 잠재적 위험성이 있는 자들로서 이는 그들을 의료상 격리하
는 것을 정당화해준다. 그들은 외계 생명체와 접촉했을 수 있
기에 환유적으로—접촉 또는 접근에 의한—**외계인의 타자성**
에 대한 위생적인 정치성 제거를 통해 순전히 위생을 위협하는
신분으로 전락한다.[50]

---

50 또한 이는 (지리적) 기독교 신앙의 특정 활동가들의 낙관적인 교회일치운
  동과 우주 기독교주의에 대한 명백한 부정이다. 최근에 나는 바티칸의 한
  신문 기사(Francesco M. Valiante, "The extraterrestrial è mio fratello
  (외계인은 나의 형제다)", *L'Osservatore romano*, 2008년 3월 14일)에서
  예수회 신부 호세 가브리엘 푸네스José Gabriel Funes가 다음과 같이 선
  언하는 것을 우연히 보았다. "성 프란체스코의 언어로 말하자면, 지상의
  피조물을 '형제'나 '자매'로 생각한다면, '외계의 형제'에 대해(di un
  "fratello extraterrestre") 말하지 못할 이유가 어디 있는가? 어쨌든 그 또
  한 창조의 일부일 것이다." 기독교에서 외계인이 차지하는 위상은 별도로
  연구할 가치가 있다. 칸트 역시 우리가 곧 읽을《천체 이론》에서 "죄가 우
  주의 다른 행성에도 영향을 미치는지 여부에 관한 문제"(*Histoire gén-
  érale de la nature et théorie du ciel*, Pierre Kerszberg, Anne-Marie
  Roviello, Jean Seidengart 옮김, Vrin, 1984, p. 201)를 다룬다. 톰마소 캄
  파넬라Tommaso Campanella는 1622년에《갈릴레오 변호론 Apologia
  pro Galileo》에서 이미 "다른 행성의 거주자가 인간이라면 그들은 아담에
  의해 창조되지 않았으므로 그의 죄에 오염되지 않았다"라고 주장했다. 따

따라서 외계의 적이 슈미트적 의미에서, 말하자면 **완전히** 정치적 의미에서, 대면 전투에서 적의 **현전성**을 내포하는 의미에서의 적일지도 모른다는 의심을 해봄직하다. 실제로도 그렇기 때문에 슈미트는 자신의 진술을 상세하게 서술하기를 포기하고 그것을 가장 단순한 형태로 축약할 수도 있었다. 즉 인류에 대해 그는 이렇게 쓸 수도 있었다. **인류 그 자체는 적이 없고 앞으로도 없을 것이다.**

이 행성에도, 다른 곳에도 없을 것이다.

미국 국경에서 입국 비자를 발급받으려고 줄을 설 때마다, 웃어야 할지 말아야 할지 확신할 수 없었던 우주적 쟁점이 떠오른다. 내용을 기입해야 하는 신청 양식에서 환대받을 권리를 요구하는 누군가로서 나를 묘사하는 단어인 **외계인**, 즉 내가 **비-거주 외계인**임을 의미하는 단어를 읽을 때 말이다.[51] 이 단어가 내 마음에 울려 퍼진 것은 최근에 뉴어크에 도착한 나를 찾으

라서 그들은 "다른 죄를 범하지 않는 한 속죄할 필요가 없다"라고 말한다 (Michael Crowe의 인용, *The Extraterrestrial Life Debate* (외계 생명체 논쟁), *op. cit.*, pp. 12~13).

51 우리가 곧 다룰 영화 〈맨 인 블랙Men in Black〉의 첫 장면에서도 **외계인**이라는 단어의 이중적 의미를 다룬다. 미국 남부 국경을 넘으려는 라틴아메리카 이민자 중 한 명은 멕시코보다 훨씬 먼 곳, 즉 우주에서 왔다.

러 온 리무진 기사와 나눈 잊을 수 없는 대화에서였다. 프린스턴으로 향하는 내내 우리는 이민 문제, 외계인을 다룬 내 책의 주제에 대해 이런저런 이야기를 나눴다. 그는 그들을 보았거나, 적어도 그들이 야간에 이동하는 동안 간접적으로 마주쳤다고 말했다. 이어진 대화 내용은 대체로 프랑스의 사르코지와 미국의 부시를 비교하는 정치적 질문들이었다. 그와 나 사이엔 명백한 의견 불일치가 있었지만, 그럼에도 그 순간은 뉴저지의 눈 덮인 풍경 한가운데서 마주한 우주정치학의 위대한 순간이었다.

그러나 회상은 이쯤 하고 슈미트로 돌아오자.

인류에게 적이 없다는 주장이 어째서 **출발점**terminus a quo이 되는가?

방금 보았듯이, 우수에서 그 이름에 합당한 적이 오는 게 관건이 아니다. 오히려 관건은, 동지와 적 사이의 대립의 **우주정치적** 위기이자, 지구든 아니든 실제 전쟁을 위한 작전 무대로 정의할 수 있는 공간에 그들이 함께 **현전하여** 나타날 가능성이다. 그러므로 슈미트의 문장**으로부터** 실제로 드러나는 것은, 인류 그 자체가 **정치적으로** 사유되려면 인류는 자신이 구성한 적이 사라지는 과정에서 나타나는 **바로 그 경계**에 있어야 한다는 관념이다. 그곳은 적 자체가 **더는** 현전하지 않는 곳, 말하자면 **더 많은** 적이, **항상 더 많은** 적이 있는 곳, 과잉 적대감 속에서 정치에 미치지 못하는 또는 정치 밖에 있는 범우주적 경찰이 적들을 전멸하기 위해서만 노력할 수 있는 곳이다.

칸트와 함께 곧 살펴보게 될 인류란 타자로부터, 그 외부로부터, 바로 그 타자와 그 외부가 아직 어떤 형상도 얼굴도 갖지 않은 곳에서(왜냐하면 그것은 우리의 모든 형태 부여 가능성을 박탈당했으므로) 사유되어야 한다. 요컨대 인류는 근본적 타자성이 어떤 한정된 외부에 국한되지 않는 **완전히 타자**로부터 사유되어야 한다.

따라서 이것이 우리가, 단순한 사실적 차원을 넘어, 우주를 인류가 **선점한** 공간으로 변형시킨 일련의 법적 사건을 이해할 수 있는 방법이다. 한편으로, 이 우주 공간이 인류가 존재하지 않는 지구 바깥에 할당할 수 있는 **외부의** 타자성을 정확히 수용하지 않는다는 것을 의미하기 때문에(실제로 인류는 우주를 선점할 권한을 스스로에게 부여한다), 다른 한편으로는 **외계인**이 살고 있을 수 있는 우주가 인류에게 **몰두하기** 때문이다. 말하자면 우주야말로 전심을 다해 인류를 정의하고, 우주야말로 인류를 이해하는 일을 떠맡은 것이다.

그러나 저편이 단순히 외부가 아니라 순수한 경계선이 없는 곳이라면, 단순한 과거나 현재에 반대되는 미래라는 장소—슈미트가 말했듯이 "순수하게 미래"인 장소—는 이제 없을 것이다. 그래서 우리는, 예를 들면 칸트를 통해, SF가 충분히 예상했던 **그것들이 이미 그곳에 있다**는 시나리오를 생각하도록 이끌리는지도 모른다.

그들—타자들, 완전히 다른 **외계인들**—은 이미 도착했을
수 있고, 이미 우리 가운데에 있을 수 있다. 화면상에 연출된
수많은 장면, 특히 유명한 TV 시리즈 〈침입자들The Invaders〉
(래리 코언Larry Cohen이 만들고 1967년부터 방영되었다)이 암시하듯
이 말이다. 혹은 확신에 찬 많은 UFO 연구자들이 생각하듯이
오래전부터 (적어도 로즈웰 사건 이래로) 말해지지 않은 사항들이
많다.[52]

요컨대, 그리고 외계인을 고려하자마자 범람하는 수많은 음
모론이나 정보 조작에 빠지지 않고 우리가 가장 진지한 철학을
통해 사유해야 하는 것은 **그들이 항상 이미 거기에 있었으리라**는
점이다.

🪐

이것이 지금부터 우리가 칸트를 통해서 하려는 일이다. (덜
알려졌거나 때때로 덜 중요하게 여겨지는 것들을 비롯해) 칸트의 몇몇
위대한 저작을 읽고 다시 읽다 보면 매우 놀라게 될 것이다. 그
러나 미래에서 과거로, 슈미트의 예언에서 칸트의 징조로 거슬
러 올라가기 전에, 출항을 준비하고 닻을 올리는 데 도움이 되

---

52 로즈웰 사건은 1947년 7월에 뉴멕시코주 로즈웰 근처에 미확인 물체가 추
락했다고 알려진 사건으로, 아마도 가장 유명한 UFO 이야기일 것이다. 롤
란트 에메리히 감독의 1996년 영화 〈인디펜던스 데이〉에는 이 사건이 충분
히 암시되어 있다.

는 몇 가지 중요한 지적이 필요할 듯하다.

사실 슈미트는《대지의 노모스》에서 여러 차례 칸트를 소환하고 인용했다. 존재의 가치와 그것의 토양적 토대에 대한 슈미트 자신의 애착을 정당화하고 뒷받침하기 위해서였다. 그는 우선 땅과 지구에 소유의 모든 가능성의 닻을 내리기 위해《법 이론의 형이상학적 기초 원리》를 (아주 자유로운 방식으로) 인용한다. 땅은 "소유권, 그리고 공적이든 사적이든 다른 모든 법을 가능하게 하는 최고의 조건"[53]이기 때문이다. 따라서 슈미트에게 노모스라는 그의 개념은 칸트에 의해 토양에 닻을 내리고, 칸트식 접근을 통해 더 깊이 땅에 박히는 셈이다. 슈미트는《대지의 노모스》의 도입부에서 다음과 같이 강조한다.

칸트는 말 그대로 "사물의 최초의 획득은 땅의 획득이 될 수밖

[53] 《대지의 노모스》의 프랑스어 번역가들이 말했듯이(*op. cit.*, 주 14, p. 328), "이 인용이 일반적인 개념을 옮긴 것임에도" 칸트의《법 이론》에서 슈미트가 "가리킨 곳에 이 인용은 보이지 않는다." 칸트는 다음과 같이 썼다. "대지(Boden)는 최상의 조건(oberste Bedingung)이며 외부의 것을 소유(äußere Sachen als das Seine zu haben)할 수 있는 유일한 조건이므로, 일시적인 점유와 그것의 사용은 그것을 취득할 수 있는 첫 번째 권리 (deren möglicher Besitz und Gebrauch das erste erwerbliche Recht ausmacht)를 구성하며, 이러한 유형의 모든 권리는 토지의 주인, 혹은 최고 소유자인 주권자로부터(von dem Souverän, als Landesherren, besser als Obereigenthümer) 파생되어야 한다." (*Métaphysique des mœurs*, II, Alain Renaut 번역 및 수정, Flammarion, 1994, p. 141를 참고하라.)

에 없다"라고 말한다. "땅에 관한 모든 것을 네 것과 내 것으로 분류하는 이 법austeilende Gesetz des Mein und Dein eines jeden am Boden"은, 그가 말하듯이, 차후에 국가적으로 체계화하거나 국가의 설립을 특징짓는 적법한 체계라는 의미에서 긍정적인 법은 물론 아니다. 이 법은 전적으로 구체적이고 역사적이며 정치적인 사건, 즉 땅의 취득의 실질적 핵심der wirkliche Kern eines ganz konkreten, geschichtlichen und politischen Erei- gnisses, nämlich der Landnahme이며, 여전히 핵심으로 남아 있다. (《대지의 노모스》, p. 53)

따라서 슈미트는 땅에 매여 있는 법적 근거를 더 잘 붙들기 위해, 토지와 영토의 점유라는 근본적 사건에 더 잘 연결하기 위해 칸트를 다시 한번 인용한다.[54] 그러나 슈미트는 칸트의 텍스트에서 일부를 추출해냄으로써 이 문장들이 새겨져 있는 움직임, 즉 "모든 인간은 본래 모든 땅의 지면을 '집단적으로 소유'한다"는 칸트의 이념을 누락한다. 이는 쉽게 말하면 **인류의 공동 유산**이라는 아주 중요한 법적 개념으로, 우주를 취득하거나 우주를 **선점**하는 최근의 역사에서 매우 중요하게 다루어진다.[55]

---

54 *Métaphysique des mœurs*, II, *ibid.*, § 12 (p. 57) et § 16 (p. 65).

55 *ibid.*, § 16(p. 64): Alle Menschen sind ursprünglich in einem Gesamt-

슈미트가 이 맥락을 침묵으로 넘어간 것은 분명 우연이 아니다. 슈미트는 칸트의 유산을 동원해 모든 법적 장치를 대지에 고정하는 것을 강화하려는 듯이 보이지만, 동시에 칸트와 명백히 거리를 두기 때문이다. "정당한 적des gerechten Feindes"이라는 개념에 관한 "총체적 혼란völliger Verwirrung"(p. 168)을 비난하는 데에서 보듯이 말이다. 노모스에 대한 슈미트의 사유를 분석하는 데에서 칸트가 이처럼 모순되는 역할을 한다면, 즉 적에 대한 정치적 순수성을 확립하기 위한 명쾌한 정의가 칸트에 의해 흐려진다면, 이는 우리가 형이상학적 대립의 지배를 무효화하기 위해서 정확히 칸트에 의지해야 함을 보여준다. 왜냐하면 이 대립이야말로 슈미트가 우리의 현재 지정학적 쟁점, 즉 우리가 **한계까지** 경험하고 있는 세계화에 대한 가장 통찰력 있고 강력한 진단을 내리도록 하는 동시에, 그가 진정한 우주정치적 문제, 즉 우주 거주민에 대한 문제에 이르는 길을 가로막기 때문이다.

Besitz des Bodens der ganzen Erde…. §13(p. 59)도 참조하라. "지구상 모든 인간의 (자연 자체로부터 구성된) 소유는 인간에게 발생하는 모든 법적 행위에 선행하는, 근원적으로 집단적 소유(ein ursprünglicher Gesamtbesitz) 〔communio possessionis originaria〕이며, 그 개념은 경험적이지도 않고 물질적 조건에 의존적이지도 않다. 가령 허구적(gedichtete) 개념이지만 원시적 집단 소유(eines uranfänglichen Gesamtbesitzes) 〔communio primaeva〕를 결코 입증할 수 없는 경우처럼 말이다. 오히려 그것은 실천적 이성(ein praktischer Vernunftbegriff)의 개념이다. …"

사실 슈미트가 정당한 적을 다룰 때, 그는 다시 한번 칸트의 《법 이론》을 일부가 잘려나간 불완전한 방식으로 인용한다. 모순을 수반하지 않고는 이해할 수 없는 그런 모순 속에서《법 이론》을 중단시켜 작동을 멈추게 하려는 것처럼 말이다. "정당한 적은 내가 그에 저항한다면 부당하게 행동하는 것이겠지만, 이 경우에 이 적은 더는 나의 적이 아니다"라고 칸트는 쓴다 (§ 60). 그리고 슈미트는 "정당한 적이라는 개념을 칸트보다 진지하게 오해하기는 어려울 것이다"라고 덧붙임으로써 마음껏 비꼰다. 그런데 칸트의 저 구절에 이어 바로 영구적 평화 문제를 선보이는 단락(§ 61)이 뒤따라 나온다. 이 단락은 "공상적 관념"이기는 하지만 "보편적 국가연합allgemeinen Staatenverein"의 품에서 국가들이 더 통합되도록 인도한다. 마찬가지로 그가 규정한 "상설 의회permanenten Staatencongress"는 "세계시민법"에 헌신하는 공법(§ 62)에 대한 셋째 절과 마지막 절로 바로 이어진다.

《대지의 노모스》에서 슈미트는 "헬레니즘 시대"에 대한 짤막한 암시를 제외하면 이러한 범세계주의에 대해 거의 언급하지 않는다. 그는 여기뿐 아니라 다른 어느 곳에서도 칸트가 정초한 범세계주의에 대해 전혀 언급하지 않는다.[56] 물론 우리가

---

56 *Le Nomos de la Terre, op. cit.*, p. 55. "여러 세기에 걸쳐 인류는 지구에 대한 특정한 신화적 이미지를 품고 있었지만, 지구 전체에 대해서는 어떠한 과학적 이해도 없었다. 인류의 측량과 장소 확정의 관점에서 포착된, 모든 사람에게 공통된 지구 개념은 전혀 존재하지 않았다. 이런 의미에서 전 세계

알기로 칸트가 '범세계주의'라는 단어를 발명하지는 않았다.
디오게네스 라에르티오스의 《저명한 철학자들의 삶과 견해》
(VI, 63)에서 읽을 수 있듯이, 기원전 4세기경에 이미 시노페의
디오게네스('견유학자 디오게네스'라고도 한다)는 자신을 **코스모폴**

적 의식도, 따라서 공통의 운명을 지향하는 어떠한 정치적 목표도 없었다.
… 이에 관해서 우리는 '폴리스'에서 '코스모폴리스'를 도출해낸 헬레니즘
시대의 철학적 보편화를 무시할 수 있다. 그러한 보편화에는 토포스topos,
즉 구체적인 장소 확정(Ortung)과 질서(Ordnung)가 없었다." 귄터 마슈
케Günter Maschke가 1916년부터 1978년까지의 슈미트의 작업을 수집해
서 출간한 두 기념비적 모음집(*Staat, Grossraum, Nomos* (국가, 대형 공간,
노모스), *op. cit.*,; *Frieden oder Pazifismus? Arbeiten zum Völkerrecht
und zur internationalen Politik, 1924-1978* (평화인가 평화주의인가?
국제법과 국제 정치에 대한 직업, 1924~1978), Duncker & Humblot,
2005))의 색인을 보면, 2권에서 '코스모폴리탄'이라는 단어가 딱 한 번 나
오는 것을 볼 수 있다. "국제법 측면에서 직접적인 세계시민(코스모폴리
탄)의 지위는 아직 만들어지지 않았다. 전체 인류를 위해서도, 특정 집단이
나 각각의 개인을 위해서도(Ein völkerrechtsunmittelbarer Status eines
Weltbürgers (Kosmopoliten) ist bisher noch nicht geschaffen worden,
weder für alle Menschen, noch für bestimmte Gruppen, noch für ein-
zelne individuen)"(p. 776, 나의 번역). 이에 대해 귄터 마슈케는 다음과
같이 말한다. "이것은 '인류'가 정치적인 개념이 아니라는(kein politischer
Begriff) 본질적으로 슈미트적인(des Schmittischen Grundsatzes) 진술
의 한 변주로, 또는 어떠한 법적 존엄에도 이르지 못하고(das keine juris-
tische Dignität erreicht) 단지 이념적 제안에 그치는 칸트의 '세계시민법
(Weltbürgerrecht)'에 대한 암시로 읽을 수 있다"(주 82, p. 829). 슈미트
가 《대지의 노모스》에서 간략히 언급한 고대 헬레니즘 전통과 칸트의 세계
시민주의의 연관성에 관해서는 다음을 참조하라. Martha Nussbaum,
"Kant and Stoic Cosmopolitanism (칸트와 스토아학파의 세계시민주의)",
The Journal of Political Philosophy, vol. 5, no. 1, 1997, pp. 1~25.

리테스kosmopolitês,ᆞ "세계인"이라고 정의했다. 이런 정의는 나중에 소크라테스에게 영향을 끼쳤으며, 몽테뉴 역시 다음과 같이 쓰기에 이르렀다.

> 어디서 왔느냐고 물었을 때 소크라테스는 아테네라고 대답하지 않고 세계라고 대답했다. 그의 상상력은 우주를 자기 마을인 양 포용할 만큼 넓고 광활했다. (《수상록 Essais》, Ⅰ, 26)

세계시민이라는 관념이 칸트에서 시작되지 않았을지라도, 칸트야말로 세계 평화라는 정치적 지평에 그것을 새기고 미래에 그것이 실현될 수 있는 국가 연합의 설립을 고려함으로써 세계시민이라는 관념에 근대적 형상을 부여했다. 슈미트는 《대지의 노모스》에서 양가적이고 간접적인 방식으로, 너무나 위대해서 지체되었다며 "성공"이라고 부르지 않으면서, 칸트의 범세계주의를 마지못해 인정했다. "18세기의 철학을 결산하는 인물인 이마누엘 칸트가 국제법 분야에서 이룬 성과는 … 20세기가 되어서야 비로소 드러난다"(p. 168)라고 슈미트는 쓴다. 그러면서 그는 칸트가 "정당한 적"이라는 개념을 심각하게 오해한 철학자라고 비난한다.

> 아마도 이러한 오해Verkennung 속에 이미 국가 상호 간 유럽 국제법의 규범적 폐지가 나타나고 있다(뒤이어 슈미트는 이를 "보편

적인 것", "구분 없이 보편적인 국제법"을 위한 '유럽 공법 jus publicum europaeum'의 이러한 "해체" 내지 "쇠퇴"로 다룰 것이다. 그는 이러한 '보편적인 국제법'이 "대지의 기존 국제 질서"를 파괴한다고 본다). 그러나 새로운 대지의 '노모스에 대한 예감die Ahnung eines neuen Nomos der Erde' 역시 나타나 있다. (《대지의 노모스》, p. 168)

이것은 단순한 혼동이나 혼선Verwirrung이라고 규정되었던 것에 제법 무게를 실어준다. 실제로 슈미트는 책의 마지막 페이지들에서 "대지의 새로운 노모스의 문제"(p. 305 sq.) — 그가 큰 물음표와 함께 미해결로 남겨둘 문제 — 라고 부르는 것을 고려하면서, 법적으로 인정되는 **정당한 적**justus hostis의 개념으로 되돌아온다.[57] 그리고 우리가 기억하듯이, 그가 그렇게 하는 것은 전쟁을 "말썽쟁이[Störenfriede, 평화를 교란하는 자들], 범죄자Verbrecher 혹은 골칫거리[Schädlinge, 말 그대로 기생충, 해충]에 대한 경찰 작전"으로 전환하는 데 도움이 되는 그 개념의 소멸을 예고하기 위해서다.[58]

---

57 이 개념과 그 기원을 슈미트가 어떻게 사용했는지 대략적인 내용을 알고 싶다면 다음을 참조하라. Nestor Capdevila, "L'impérialisme entre inclusion exclusive et exclusion inclusive: Schmitt lecteur de Vitoria (배타적 포용과 포용적 배제 사이의 제국주의)", *Reconnaissance, identité et intégration sociale* (인식, 정체성 및 사회적 통합), Christian Lazzeri, Soraya Nour 엮음, Presses universitaires de Paris Ouest, 2009.

58 *Le Nomos de la Terre*, p. 319.

따라서 슈미트가 보기에, 그리고 그가 충분히 인정하지 않더라도, 칸트는 아마도 정치적인 것 너머를, 혹은 적어도 이 정치적인 것을 동지-적 대립의 순수성과 "동일한 평면에서 사유하는 상호적 전쟁 개념auf gleicher Ebene gedachte gegenseitige Kriegsbegriff"에 근거한 것으로 예상했을 것이다. 지평선 내지 지평성과 같은 개념이 지면에서 없어진다면, 아마도 우리 지구에서는 새로운 노모스에 대한 물음이 더는 제기되지 않을 것이다.

요컨대 우리는 슈미트의 주장에 따르자면 이미 우주선이 되어 버린 "우리가 거주하는 지구 자체"의 닻을 올릴 준비가 되었는지 자문해보아야 한다.

인류가 **이미 그렇게** 하지 않았다면? 우리가 ― 우리 인류가, 우리 지구인이 ― **이미 항상** 뱃줄을 풀지 않았다면?

2장

외계의 칸트

왜 없겠는가?
완전한 타자에 대한
철학픽션

　　칸트는 그 이전의 수많은 철학자와 마
찬가지로 지적인 외계 생명체의 존재를 믿었다. 우리가 아는 지
구의 인간보다 훨씬 우월한 형태의 생명체 말이다. 초기 저작
(1755년, 그의 나이 스물한 살에 쓴《일반 사연사와 천체 이론Allgemeine
Naturgeschichte und Theorie des Himmels》)에서부터 후기 저작(죽기
6년 전인 1798년에 출간된《실용적 관점에서 본 인간학Anthropologie in
pragmatischer Hinsicht》)에 이르기까지, 칸트는 외계 생명체를 철
학의 주요 주제로 삼지는 않았으나 아마도 정기적으로 자신의
사유에 소환했을 것이고, 자신의 논의 속으로 다른 행성의 거주
자들을 초대하고 또 초대했을 것이다.

　　칸트는《천체 이론》의 3부에서 다음과 같이 선언한다.[1] "모

1　*Théorie du ciel, op. cit.*, p.188. 〔국내서는 〈일반 자연사와 천체 이론 또는
　뉴턴의 원칙에 따라 다룬 우주 전체의 구조와 기계적 기원에 관한 시론〉,

든 행성에, 혹은 대다수 행성에 거주자가 있다는 주장을 부정하는 것이 불합리하다 하더라도, 모든 행성에 틀림없이 거주자가 있다고 주장할 필요는 없다." 여기서 중요한 것은 "추측"이다(이 말은 칸트가 사용한 단어다). 단언하지도 부정하지도 않으면서 철학자는 이렇게 묻는다. 지적이거나 합리적인(이성을 부여받은) 생명체가 지구 아닌 다른 곳이라고 '왜 없겠는가?'

왜 없겠는가?, 이 질문은 베르나르 르 보비에 드 퐁트넬의 유명한 저서 《세계의 복수성複數性에 대한 대화Entretiens sur la pluralité des mondes》(초판은 1686년에 출간되었으며, 이는 칸트의 《천체 이론》 출간 연도보다 거의 60년이나 앞선다[2])의 기조를 이룬다. 실제로 퐁트넬의 《대화》의 화자를 다소 회의적 내화 상대인 후작부인과의 대화에서 일종의 보편적 우주 주민으로 비약하게 만든 것은 **왜 없겠는가?**라는 형식의 열정적인 움직임이었다.[3]

"달에는 십중팔구 사람이 살고 있을 텐데, 금성이라고 왜 없겠

《비판기 이전 저작 I (1749~1755)》(김상현·이남원 옮김, 한길사, 2021) - 옮긴이]

2 퐁트넬의 《대화》는 엄청나게 성공해서 칸트가 《천체 이론》을 집필할 당시 이미 프랑스어 판이 세 종류가 있었고 독일어 번역판으로도 출간되었다. Steven J. Dick, *op. cit.*, pp. 192~193을 참조하라.

3 Bernard Le Bovier de Fontenelle, *Entretiens sur la pluralité des mondes*, Garnier-Flammarion, 1998, pp. 111~112.

습니까?" 그러자 후작부인이 말을 가로막았다. "그런데 늘 '왜 없겠는가?'라고 말하는 거예요? 모든 행성에 거주자가 있게 하려는 건가요?" 나는 대답했다. "의심하지 마세요. 이 '왜 없겠는가?'는 모든 곳에 사람을 살게 하는 효과가 있지요."

그러니까 왜 없겠는가?

이러한 형태의 부정의문문에서 인상적인 것은 **픽션**으로서의 우주다. 픽션으로서의 우주는 《대화》와 같은 텍스트의 우아하고 가벼운 어조를 암시할 뿐 아니라, 매우 엄밀한 형식의 철학 저작에서도 출몰할 것이며, 칸트의 《판단력 비판》을 비롯한 다른 저작들에서도 보게 될 것이다. 이 우주 공간espace은 내가 **철학픽션**(과학픽션이라고 말하듯이[4])이라고 부를 요소다.

---

[4] 데리다가 주저 없이 선언했던 철학과 픽션의 관계에 대한 복잡한 지도 안에서 이러한 **철학픽션**을 어디에 배치할지는 지켜봐야 한다. "모든 철학 논의는 특정한 허구성을 가정할 뿐 아니라 픽션에 꾸준히 의지한다는 것을 알 수 있다. 우리는 철학자들이 어느 순간에 픽션을 자신들 논의의 시금석으로 삼았음을 확인하게 될 것이다. 픽션과 픽션의 사례가 철학을 시험하는 순간에 말이다. 이는 데카르트의 꿈이기도 했다. 후설은 허구성에 대한 기술과 방법을 갖고 있었다. 픽션은 현상학의 방법론적 도구다. 후설은 이를 이론화하여 의식 구조에 대한 현상학적 분석이 세계의 총체적 전멸로부터 살아남을 수 있다고 말한다. 이는 현상학적 의식의 본질적 구조를 분석할 때마다 세계가 존재하지 않는다고 가정할 수 있다는 의미다. 현상학에서 픽션은 다른 존재들을 다루는 것이 아니라 세계 전체의 전멸을 다룬다. 그리고 어떤 면에서 이 픽션은 철학 담론 자체의 요소로 전제된다"(Jacques Derrida, "Scènes des différences"(1996), Mireille Calle-Gruber

수업을 수강한 학생들이 남긴 강의록의 도움으로 칸트 살아 생전에 집필되고 출간된 그의 마지막 저작《실용적 관점에서 본 인간학》에서는 외계의 생명체에 대한 철학픽션다운 질문 이 강렬하고 또 고집스러운 방식으로 다시 나타난다. **인간학적 특성**, 즉 "외부의 인간을 통해 내부의 인간을 이해하는 방식"에 할애된 2부는 실제로 "개인", "성별", "민족", "인종"의 특성을 연속해서 다룬 뒤, "인류의 성격"으로 끝을 맺는다. 이 마지막 특성을 두고 칸트는 인간에 대한 담론으로서 인간학의 무용함 을 거의 인정한다. 그는 이렇게 말한다. 인간 종을 특별하게 만 드는 것, 다시 말해 인간 종을 다른 종과 구별하는 것이 무엇인 지 어떻게 알 수 있겠는가? 그 다른 종이 우리가 경험할 수 없 어서 불가해한 것으로 남아 있다면 말이다. 칸트는 "'지구의' 이 성적 존재" 역시 특징짓기가 불가능하며, 불확정 상태로 남아 있다고 단언한다.[5]

와의 대담, *Littérature*, no. 142, 2006년 6월, pp. 27~28). "L'arche-origi-naire Terre ne se meut pas (근원적 방주인 지구는 움직이지 않는 다)"(1934년 5월, Edmund Husserl, *La Terre ne se meut pas*, Didier Franck 옮김, Minuit, 1989)에서 우주에 대한 후설의 놀라운 사색을 읽을 때 우리는 **결국** 후설의 특정한 **철학픽션**으로 되돌아올 것이다.

5 *Anthropologie du point de vue pragmatique*, Alain Renaut 옮김, Garnier-Flammarion, 1993, p. 309. [국내서는《실용적 관점에서 본 인간 학》(이남원 옮김, 2014, 울산대학교 출판부) - 옮긴이]

우리는 '지상에 있지 않은' 이성적 존재에 대해 어떠한 지식도 없으므로 그것에 어떠한 특성도 이름 붙일 수 없으며, 그 존재를 통해 그것의 속성을 보여주거나, 보편적인 이성적 존재들 가운데 지상의 존재를 특징지을 수 없을 것이다. 따라서 인간의 특성을 보여주는 문제는 절대로 해결할 수 없을 것 같다. 그것은 경험에 힘입어 이성적인 두 '종'을 비교함으로써만 해결될 수 있기 때문이다. 그러나 우리에게 그러한 경험은 가능하지 않다.

외계 생명체를 경험하거나 이해하지 않고서는 지구인을 외계 생명체와 비교할 수 없다. 그럼에도 지구인은 칸트를 필두로, 스스로를 이성적 존재로 여기려고 할 때, 아무리 표현 불가능할지라도 끊임없이 비교할 말을 찾는다.

확실히, 칸트의 인간학이 마지못해 포기하는 듯이 보이는 비교 가능한 특성 없이, 칸트는 우선 본질적인 방식으로 "종의 특성"을 규정하는 일을 감당하려는 것 같다. 다시 말해 지구를 벗어나지 않으면서 지구에 머물러야 할 필요를, 여기에 **함께** 머물러야 할 필요를 체념하고 받아들이는 것이다.

모든 시대와 모든 민족의 경험을 통해 알려진 인류의 특성은 다음과 같다. 총체적으로 (전체로서 이해된) 인류는 계승하거나 공존하면서 평화로운 상태에서 함께 살지 않고는 '지낼' 수 없는, 그럼에도 계속해서 서로에게 불쾌감을 유발하는 것을 '피할' 수 없는 인간의 집합이다. 결론적으로 이 개인들은 그 자신으로부터 나오는 법칙의 상호 강제에 의해 끊임없이 분열의 위협을 받지만, '세계시민' 사회에 도달하기 위해 총체적으로 발전하면서 … 연합을 형성하도록 자연적으로 정해진 것처럼 느낀다. … (같은 책, p. 322)

이 코스모폴리탄, 우리 우주 시민은 지구를 공유한다는 형벌을 받으면서 지구인으로 남아 있을 것이다. 그리고 지구에서 공존하도록 강요된 지구인 무리가 다른 어떤 방식으로도 특징지을 수 없는, "좋은 혹은 나쁜 인종으로 간주되어야 하는가"(p. 323)에 대한 문제가 고려되어야 한다.

따라서 칸트가 지구인을 **지구 내부의** 방식으로 판단하려고 결심한 것처럼 보일지라도, 그것은 여전히 어려운 문제다. 칸트는 지구인을 **외계인**과 비교하기는 불가능하다고 말했지만, 비교를 완전히 포기**할 수는 없는** 것 같다. 이미 그가 인류를 "인종"으로 이야기할 때, 인종을 심지어 잘 알려지지 않은 다른 인종과의 관계 속에 놓는 것은 구조적으로 부자연스럽다. "우리가 또한 하나의 인종으로 지시할 수 있는 인류를 다른 행성의 종과 비교하여 이성적인 '지상의 존재'의 종으로 이해한다면"(같은 쪽)이라고 그는 쓴다. 비교는 그보다 앞쪽에서 배제되었어야 했으나 거의 곧장 되돌아온다. 비교는 모든 것을 무릅쓰고 돌아오며, 그렇게 외계인들은 돌아오고 또 돌아올 것이다.

이 다른 세계의 거주자들은 칸트의 《인간학》이 "우리 종의 도덕적 용모"(같은 쪽)를 고찰할 때 마지막으로 착륙한다. 거의 결론적으로, 칸트는 이렇게 쓴다.

> … 신중한 사람이라면 누구나 자신의 사유의 좋은 대목을 감출 필요가 있다고 생각하는 방식은 그 자체로 이미, 우리 인종 사이에서는 타인이 자신의 상태를 완전히 볼 수 없도록 경계를 늦추지 않고 방심하지 않는 편이 현명함을 보여준다. 이는 이미 우리 종의 상호 악의적 성향을 드러내는 것이다. 다른 행성에는 소리 내어 생각할 수밖에 없는 이성적 존재, 즉 함께 있든 혼자든 즉각 말로 '표현하지' 않는 생각을 가질 수 없는 존재가 있을 수 있다. 이러한 타자의 행동은 우리 인류의 행동과 어떻게 다를까? (같은 쪽)

칸트가 집필한 마지막 저작의 마지막 페이지에서, 철학자는 그 이름에 걸맞은 유일한 코스모폴리탄인 지구인을 결코 특징지을 수 없는 듯이 보인다. 따라서 이 우주의 거주자는 우리가 **인류를 특정한 관점에서** 고려할 때마다 계속해서 다시 나타나게 되어 있다.

칸트는 정말로 외계인을 믿었을까? 그는 오늘날 다른 세계 출신 거주자의 도래를 알리는 증거를 목격했다고 주장하는 이들과 같은 방식으로 외계인을 믿었을까?

칸트는 여기저기에다 자신의 신념을 잊지 않고 기록해두었다.[6] 그리고 그의 펜 아래에는 언뜻 읽으면 오늘날의 SF 시나리오를 닮은 듯한 구절들이 있다. 예컨대 《판단력 비판》의 다음 단락이 그러하다.

---

6 예를 들어 칸트는 《순수이성비판》에서 "적어도 우리가 보는 행성 중 일부에 거주자가 있는지 아닌지를 어떤 경험을 통해 결정할 수 있다면, 나는 여기에 전 재산을 걸 것이다. 그 경험은 단순히 의견이 아니라 확고한 신념(그 믿음의 정확성에 대해 내 삶의 많은 편익을 걸겠다는)으로서 나로 하여금 다른 세계에도 거주자가 있다고 말하게 한다"(Ferdinand Alquié의 감수하에 번역, Gallimard, coll. 'Folio Essais', 1980, p. 686). 또한 〈순수이성의 규준〉에서 '의견, 지식, 신념에 관하여'라는 제목이 붙은 3절에서 가져온 이 문장들은 칸트가 〈순수이성의 이율배반〉 6절에서도 쓴다. "달에 거주자가 있을 수 있다는 것은, 아무도 그들을 본 적 없다 해도 확실히 인정해야 하지만, 이는 경험을 통해 이룰 수 있는 진보를 통해서만 그들에게 도달할 수 있음을 의미할 뿐이다"(*ibid*., p. 445). 나중에 《판단력 비판》(§ 91)에서는 "의견"에 대해 훨씬 신중하게 말한다. "다른 행성의 이성적 거주자(vernünftige Bewohner)를 승인하는 것은 의견의 문제(eine Sache der Meinung)다. 우리가 그들에게 접근할 수 있다면 — 이런 일은 원칙적으로 가능하다 — 우리는 경험적으로 그들의 존재 여부를 결정할 수 있을 것이다. 그러나 우리는 결코 그 정도로 가까이 접근할 수 없을 테니 이는 의견의 문제로 남아 있다(so bleibt es beim Meinen)."(Ferdinand Alquié의 감수하에 번역, Gallimard, coll. 'Folio Essais', 1985, p. 450) [국내서는 《판단력 비판》(백종현 옮김, 아카넷, 2009) - 옮긴이]

누군가가 사람이 살지 않는 땅의 모래에 그려진, 정육각형 비슷한 기하학 도형을 본다면, 그는 모래, 인근 바다, 바람이나 그가 아는 동물의 발자국, 혹은 근거 없는 다른 원인을 그러한 형태가 존재할 가능성의 근거로 추정하지 않을 것이다. (《판단력 비판》, § 64, p. 332~333)

이 단락을 읽으면서 우리는 가령 나이트 샤말란Night Shyamalan 의 영화 〈싸인Signs〉(2003)에서, 인적 드문 미국의 어느 지방 농지(펜실베이니아의 벅스 카운티)에 거대한 기하학적 형상을 남기는 것으로 외계인의 도래를 알리는 장면을 떠올릴 수 있다. 사막에 그려진 의심스러운 정육각형을 마주하며 "그 어떤 자연적 원인도 … 이러한 현상을 불러일으킬 수 없을 것이다"라고, 다시 말해 "이성만이 부여할 수 있는 개념"의 결과가 저편에 있음을 주장하는 칸트와 마찬가지로, 샤말란의 인물들은 옥수수밭에서 대규모로 발견된 비현실적인 그림을 두고 있을 법하지 않은 자연의 우연한 원인을 차례차례 배제해간다. 목사인 그레이엄 헤스 (멜 깁슨 분)의 딸 보와 아들 모건은 아침에 개들이 짖는 소리에 깨어나서는 곧장 "이건 신이 했어"라고 생각한다. 그들의 아버지는 그렇게 생각하기를 거부하지만 말이다. 그러고는 조금 전에 연락한 지역 경찰서장과 이야기할 때, "사람 손으로 할 수 없는 일이에요, 너무나 완벽하거든요"라고 말한다. 범죄 행위의 가능성도 배제된다. 그리고 텔레비전이 지구 전역의 옥수수 밭에 새

겨진 거대한 기호와 유사한 이미지를 전 세계에 송출하면서 그것
이 외계인의 소행일 혐의는 짙어진다.

그러나 칸트와 현대 SF 사이의 표면적인 장르적 유사성을
넘어,[7] 철학자 자신에 의해 선언되거나 선언되지 않은 의견을
넘어, 우리가 기대하는 것은 훨씬 더 급진적인 질문이다. 우리
는 칸트가 외계 생명체의 존재에 대해 진정으로 무엇을 믿었는

---

[7] 실제로 칸트는 모든 의심을 걷어내고 긴장을 해소하는 라틴어 구절("나는
인간의 흔적을 본다vestigium hominis video")을 인용하면서 문장을 끝맺는
다. 이 구절은 비트루비우스의《건축론De architectura》6권의 서문에 나
오는 일화를 약간 수정한 말이다. 소크라테스학파 철학자 아리스티푸스는
로도스섬에 난파되었다가 모래 위에 그려진 기하학 형상을 발견하고 이렇
게 외쳤다. "희망을 가집시다, 나는 인간의 흔적을 보았습니다(bene sper-
emus, hominum enim vestigia video)." 많은 이들이 미스터리 서클을 연구하
고 있지만 여전히 그 수수께끼를 풀지 못했다. 이 글을 쓸 때 나는 지하철에
서《쿠리에 엥테르나시오날Courrier international》(no. 331, 2008년 10
월 6일, p. 16)에 실린 매우 진지한 기사를 보았고, 거기에서 의심과 매혹이
뒤섞인 다음 구절들을 읽었다. "(우리를 안심시키기 위해) 과학자들이 이
미스터리한 현상을 한밤중에 잔디깎이로 밀을 베는 몇몇 장난꾸러기 탓으
로 돌리기는 점점 더 어려워지고 있다. 미스터리 서클을 가까이서 관찰해보
면 땅 위에 여러 요소가 설명되지 않은 채로 남아 있음을 알 수 있다. 밀(이
나 보리)의 이삭은 잘리지 않고 소용돌이에 의해 짓눌린 것처럼 나선형으로
구부러져 있다. 줄기는 아주 이상한 기형을 보이고, 들판에서 공기는 종종
이온화된다. 마침내 지상에서는 철로 된 작은 구체(球體)가 발견되었다. '서
클' 주위에는 발자국이 전혀 없다. 이처럼 복잡한 형상을 어둠 속에서 하룻
밤 만에 그리는 일 역시 불가능하다. 가장 아름다운 형상은 매년 여름, 6월
과 7월에 영국의 가장 미스터리한 장소인 에이브버리 실버리힐의 스톤헨지
에 나타난다."

지 알아내려고 애쓰지 않을 것이다. 오히려 우리는 **왜 없겠는가?** 의 필요성을, 즉 철학이 피할 수 없는, 철학이 판단하려 하거나 판단을 사유할 때 직면해야 하는, 혹은 더 좋은 표현으로는, 철학이 **관점**이라고 불리는 것과 마주할 때 직면해야 하는 철학픽션 차원의 필요성을 이끌어내려고 시도할 것이다.

폰트넬의 《세계의 복수성에 대한 대화》에서 화자는 "지구와 달 사이의 거래"(p. 95)가 있을 거라고 분명하게 예고한다. 여전히 믿지 않는 후작부인을 향해 그는 "언젠가 우리는 달까지 갈 것"(p. 97)이라고 주장한다.

《천체 이론》의 결론에서, 칸트는 우주여행을 떠나는 시대는 아닐지라도[8] 적어도 사후死後에 다른 세계에 머무를 가능성을 매우 조심스럽게 추측하는 방식으로 검토한다.

불멸의 영혼은 공간의 이 지점, 즉 우리 지구에 배속되어 죽음 자체로 파멸되는 것이 아니라 단지 변화할 뿐인 내세의 지속성을 무한히 유지하며 남아 있을까? … 언젠가는 우주의 먼 장소에 있는 구체球體를 가까이서 알아보게 정해진 것은 아닌지 누

---

8 그럼에도 칸트는 "대부분의 행성에는 확실히 거주자가 있고 지금은 거주자가 없는 행성도 언젠가는 그렇게 될 것이다"(p. 190)라고 쓰면서 우주 식민화의 가능성을 한껏 열어놓는다.

가 알겠는가? … 아마도 행성계의 몇몇 구체는 우리가 지구에
머물도록 지정된 체재 기간이 완료된 후, 다른 천체에서 우리
가 거주할 새로운 장소를 마련하기 위해 형성될 것이다. (《천
체 이론》, p. 202)

사실 누가 알겠는가?

왜 없겠는가? 왜 안 되겠는가?

그리고 우리가 살아 있거나 땅에 묻힌 뒤에 우주여행을 한다
면 어떤 놀라운 일이 우리를 기다리고 있을까? 어떤 형태의 생
명체를 맞닥뜨려 인류가 마침내 그 생명체와 비교 가능한 종이
될 것인가?

칸트가 비판적 전회 이후의 저작[비판 3부작 이후에 집필한《이
성의 한계 안에서의 종교 Die Religion innerhalb der Grenzen der bloßen
Vernunft》, 《영구 평화론 Zum ewigen Frieden. Ein philosophischer Entwurf》,
《윤리 형이상학 Die Metaphysik der Sitten》을 일컫는다 — 옮긴이]에서
다른 세계의 거주자와 비교하는 자유로운 사색의 단계를 뛰어
넘는 것을 (제법 힘겹게) 거부한다면,[9] 여기, 젊은 시절 혹은 비판
기 이전의 저작에서 그는 외계의 실존 방식과 사유 방식을 분류

---

9   마이클 크로 Micharl Crowe가 암시하듯이(*The Extraterrestrial Life Debate*,
    op. cit., p. 53), 칸트는 아마도 "자신의 상상력이 너무 멀리 나아갔다"라고
    판단하여 1791년에《천체 이론》의 마지막 장 재출간을 금지한 것으로 보
    인다.

하는 체계적 시도에 착수한다.

… 목성 거주자의 신체는 훨씬 가볍고 액체로 된 물질로 구성되어 있을 것이며, 그리하여 태양이 이 정도 거리에서 일으키는 작은 움직임만으로도 이 행성 거주자의 신체는 태양이 아래 권역에서 하는 것만큼 강력하게 운동할 수 있다. 그리하여 나는 이 모든 것을 하나의 일반적 개념으로 다음과 같이 요약할 수 있다. '여러 행성의 거주자, 실로 그들의 동물이나 식물조차 그들이 형성하는 물질은 일반적으로 태양에서 멀리 떨어질수록 훨씬 가볍고 섬세한 유형이어야 한다. … 외부의 인상을 통해 그들이 받아들이는 개념의 명료함과 활발함, 관념들을 결합하는 능력, 마지막으로 이것을 현실적으로 수행할 때의 민첩성, 즉 모든 방면에서 그들이 보이는 완벽성은 거주 장소가 태양까지 떨어진 거리에 비례하여 점점 더 훌륭하고 완벽해진다는 특정한 규칙에 따른다. … 정신계와 물질계의 완전성은 수성에서 토성에 이르기까지, 혹은 아마도 그 너머까지 (그곳에도 여전히 다른 행성이 있다면) 태양까지의 거리에 비례하여 정확한 단계의 계열을 이루어 성장하고 진보한다.' (같은 책, pp. 193~196)

이러한 종족 우주론에 대한 자유롭고 무한한 사유 속에서 칸트는 자신의 철학에 내재한 허구적 차원을 비판적으로 조절하는 데 크게 관심을 두지 않는 것 같다. 《천체 이론》의 3부 앞

부분에서 경고했음에도("나는 철학을 이용하여 어떤 그럴듯한, 정신의 가벼움과 자유로운 망상을 옹호하는 것은 철학의 특성을 훼손하는 일이라고 생각한다", p. 187) 그는 스스로 "상상력의 자유"(같은 쪽)라고 명명한 것에 사로잡힌다. 결론이 암시하듯이, 그것은 미학적 본성으로 여겨지는 즐거움의 이점으로 칸트를 인도한다.

이러한 공상을 즐기는 일은 허용될 수 있으며 적절한 일이기도 하다. … 실제로 사람들이 이러한 생각으로 마음을 가득 채운 다면, 고요한 밤에 별이 반짝이는 하늘의 광경을 바라보는 것은 고귀한 영혼만이 느낄 수 있는 일종의 기쁨을 가져다준다. 자연의 보편적 침묵 속에서, 그리고 감각의 평온 속에서, 불멸의 정신 속에 숨겨진 인식력은 말로 표현할 수 없는 언어를 말하고, 느낄 수는 있지만 설명할 수는 없는, 아직 생성되지 않은 관념을 제공한다. (같은 책, pp. 202~203)

《천체 이론》을 끝맺는 이 구절들이, 우리가 나중에 다시 살펴볼 《판단력 비판》의 구절들을 미리 환기하지 않는 것은 아니다. 그러나 무엇보다 사유는 인류의 진보에 대한 지리적 관점과 시간적 관점, 어쨌거나 지구의 관점을 우주에 투영하고 우주 공간까지 확장한 것처럼 ─ 그렇다, 마치 **그런 것처럼** ─ 행세한다. 우주 생명체에 대한 칸트의 척도에서 지구인과 지구는 **한가운데에**, 즉 평균점 또는 중간 지점에 있기 때문이다. 이

지점은 뉴턴이나 코페르니쿠스 이전의 고대 우주론 체계에서
처럼 중심은 아니지만, 여전히 그러한 특성을 몇 가지 지니고
있다.

> 존재의 사다리에서 말하자면 중간 단계에 위치하는 인간의 본
> 성은 자신을 정확히 가운데에 놓인 존재로 본다. … 목성이나
> 토성에 거주하는 이성적 피조물을 가장 높은 단계로 여기는 것
> 이 인간을 질투하게 하고 인간 자신의 비천함을 인정함으로써
> 사기를 떨어뜨리는 반면, 인간 본성의 완전성보다 훨씬 낮은
> 단계에 있는 금성이나 화성에 거주하는 피조물과 같이 열등한
> 존재에 대한 생각은 다시금 인간을 만족시키고 진정시킬 것이
> 다. 이 얼마나 놀라운 광경인가! 한편에는 그린란드인이나 호
> 텐토트인을 뉴턴인 양 여기는 존재가 있고, 다른 한편에는 뉴
> 턴을 원숭이처럼 바라보는 존재가 있는 식이다. (같은 책, p. 195)

여기서 중요한 것은 유럽의 뉴턴과 목성을, 원시 종족과 수성
을 일치시키는 식으로 지구 중심의 인간학 및 지리학을 단순하
게 우주적으로 확장하거나 확대하는 것이 아니다. 이런 의미에
서 외계의 픽션은 몽테스키외의 《페르시아인의 편지Lettres
persanes》나, 우리가 사는 **이곳**에서 일어나는 일을 이야기하기
위해 **저곳**이라는 허구적 위장 속에서 이국풍을 다루는 다른 방
법들에 완벽히 대응하지 않는다. 《천체 이론》이라는 철학픽

션―곧 보게 되겠지만, 이 형식은 칸트의 후기 저작들에서 희미하게 남아 있다―은 불가피하게 가능한 경험의 저편으로 향해야 하는 것처럼 보인다. 단순히 타자가 아니라, **완전한 타자**[10]를 향해.

⬮

이러한 인간 중심주의는 뉴턴식 체계에 대한 지속적 언급, 태양에서 멀리 떨어진 행성의 생명체가 우월하다는 주장에도 불구하고 계속해서 은밀하게 칸트의 우주 담론을 규정한다. 지구를 떠나는 것이 관건이 되는 순간에조차 지구와 지구인에게 부여된 특권은 일찍이 퐁트넬에게서도 찾아볼 수 있었다. 실제로《세계의 복수성에 대한 대화》에는 유럽 민족 중심주의가 우

―――

10 "완전한 타자는 완전히 다른 존재다." 이 문장의 앞 구절 또는 뒤 구절(상황에 따라 다르다)은 이 책의 뒤쪽 페이지에서도 계속해서 나타나며 자크 데리다의 저작에서도 여러 차례 등장한다.《죽음의 증여 Donner la mort》의 마지막 장에서도 마찬가지다. "완전한 타자가 완전히 다른 존재라면, 타자는 신이거나 **아무개**, 평범한 특이성이다."(Galilée, 1999, 나의 강조) 내가 칸트의 외계인이 단순히 지구의 **제2의 자아** alter ego와 구별되는 급진적 타자성을 유지함에도 **신성하지 않은** 특성을 주장한다면, 이는 뉴턴, 그린란드인, 호텐토트인, 원숭이 등등 우리가 지금까지 읽은 너무나 인간적인 투사에도 불구하고, 혹은 그것의 반대편에서, 완전한 타자(동물과 신 사이의 인간)와 수직적이지 않고 수평적 관계를, 다시 말해 '까마득한 우주를 향해 열려 있다'라는 표현을 친애하는 칸트에게 적용하려고 시도한다는 의미에서 우주 정치적 관계를 이끌어내려는 시도가 될 것이다.

주적 차원으로 퍼진 채 다른 행성 거주자의 특성에 대한 사유의 논리를 규정한다. 후작부인 역시 태양과 더 가까운 금성의 사람들에 대해 다음과 같이 말한다.

> 그들은 그라나다의 무어인을 닮았어요. 볕에 그을리고, 열정과 정열이 넘치고, 언제나 즐겁고, 시를 쓰고 음악을 사랑하며 매일 축제와 무도회와 시합을 벌이는 검고 작은 사람들 말이에요. (《대화》, p. 122)

그러자 화자는 한술 더 떠서 다음과 같이 말한다.

> 실례지만 부인께서는 금성인에 대해 잘 모르시는군요. 금성인에 비하면 우리 그라나다의 무어인들은 추위를 탄다든지 우둔하다는 측면에서 라플란드인이나 그린란드인에 가까울 겁니다. 그렇다면 수성인은 어떨까요? 그들은 우리보다 태양에 두 배나 가까이 있습니다. 그들은 활기가 넘칠 게 분명합니다. 제 생각에 그들은 흑인보다 대체로 기억력이 현저히 떨어져서 그 무엇도 깊이 생각하지 못하고 아무렇게나 행동할 것 같습니다. (같은 책, pp. 122~123)

칸트의 《천체 이론》에서처럼, 여기서 태양계는 지구에서 여전히 유효한 민족지리학적·인종적 특성의 거울이다. 따라서 우주를 다루는, 종종 코믹한 이 철학픽션에서(이처럼 비현실적이고 편협한 인종주의를 마주하면 웃을 수밖에 없다[11]) 우리는 두 가지 움직임을 포착할 수 있다. 한편으로는 방금 읽었듯이 외계인 역시 중심에서 벗어나 있을지라도 지구의 인간학과 어떠한 관련성을 갖지 않고는 형상화되거나 허구화될 수 없다. 그러나 다른 한편으로 우리가 엿보았듯이, 이 또한 곧 확인하겠지만, 지구인은 지구의 중심에 사는 이성적인 종 혹은 인종으로서 **이와 같이** 스스로를 볼 수 없다. 지구의 땅과 기반으로부터 벗어나 상상 속에서나마 완전히 다른 관점으로 옮겨가지 않는 한.

관점
(무인도에서 우주까지)

　　　　관점에 대한 질문은 단순히 밖에서 멀리 떨어져서 바라보거나 일별하기에도 칸트의 저작 도처에 편

11　라파엘 라지에Raphaël Lagier가《칸트가 생각한 인종들Les Races humaines selon Kant》(Presses universitaires de France, 2004)에서 그랬듯이 이를 매우 진지하게 받아들여야 하는 경우, 가야트리 차크라보르티 스피박Gayatri Chakravorty Spivak (*A Critique of Postcolonial Reason. Toward a History of the Vanishing Present*, Harvard University Press, 1999, pp. 12~13)은 우리가 나중에 길게 논의할 칸트의 숭고함이 어떻게 **원시인**(der rohe Mensch), 즉 "원시의"(또는 "날것의") 사람, 말하자면 문화에 이질적인 사람(바로 **외계인**)을 명백하게 배제하는지를 보여주었다.

재하는 것 같다. 《실용적 관점에서 본 인간학》, 《세계시민의 관점에서 본 보편사의 이념》처럼, 언뜻 봐도 눈에 잘 들어오는 제목에서부터 벌써 알 수 있다. 그리고 제목에서 좀 더 깊이 들어가보면, 관점에 대한 질문이 텍스트 안에서 끊임없이 제기되고 주제로 다뤄진다는 것을 알 수 있다.

그중 두 가지 예를 들어보겠다.

〈이론에서는 옳을지 모르지만 실천에서는 쓸모없다고 하는 속설Über den Gemeinspruch: Das mag in der Theorie richtig sein, taugt aber nicht für die Praxis〉이라는 다소 긴 제목의 1793년 논문의 서두를 먼저 보자.[12]

철학의 거대한 스캔들에서는 이론상으로는 옳을지 모르는 것이 실천에서는 타당하지 않다고 우기는 일이 흔히 벌어진다. 그것도 거만하고 무시하는 어조로, 이성이 자신의 최고 명예를 얻는 곳에서마저 경험의 도움으로 이성을 개조하려는 매우 불손한 태도로, 그리고 똑바로 서서 하늘을 응시하도록 만들어진 눈보다 사이비 지혜와 경험에 집착하는 두더지의 눈으로 더 멀리, 더 확실하게 볼 수 있다는 지적 오만을 부리며 우긴다.

---

12 *Théorie et pratique*…, Françoise Proust 옮김, Garnier-Flammarion, 1994, p. 13.[국내서는 〈이론에서는 옳을지 모르지만 실천에서는 쓸모없다고 하는 속설〉, 《비판기 저작 I (1784~1794)》(정성관 옮김, 한길사, 2019) - 옮긴이]

경험이냐, 이성이냐 하는 문제는 결국 시야, 관점의 문제다. 전자의 근시안적 시야는 천계와 우주로 시선을 돌린 후자의 원시안적 시야와 대조된다.

경험의 근시안에 대한 분명한 거부는 인류의 진보를 다루는 《학부들의 다툼Der Streit der Fakultäten》 두 번째 절의 단락들에서도 두드러진다.[13]

인류가 대체로 충분히 오랜 시간 동안 전진하고 진보했음을 막 확인했을지라도 지금, 이 순간, 우리 인류의 육체적 기질의 결과로 퇴보의 시대가 등장하지 않으리라고 그 누구도 장담할 수 없다. 그리고 반대로 우리가 퇴보하고 추락이 가속되어 더 나쁜 상태가 된다면, 인류의 도덕적 성향 덕분에 인류가 다시금 더 나은 방향으로 향하는 전환점을 찾지 못하더라도 낙담하지 않아도 될 것이다. … 인간의 일이 진행되는 과정이 부조리해 보인다면 이는 우리가 그것을 고려하는 관점을 잘못 취했기 때문일 것이다. 지구에서 본 행성들은 뒤로 가기도 하고, 멈추기도 하고, 앞으로 나아가기도 한다. 그러나 태양의 관점에서는, 이는 이성만이 할 수 있는 일인데, 행성들이 코페르니쿠스

---

13 Emmanuel Kant, *Opuscules sur l'histoire*, Stéphane Piobetta 옮김, Garnier-Flammarion, 1990, pp. 208~209. (§ Ⅳ: 진보의 과제는 경험을 통해서는 직접적으로 해결될 수 없다.) [국내서는 《학부들의 다툼》(백종현 옮김, 아카넷, 2021) - 옮긴이]

의 가설에 따라 자신들의 행로를 일정하게 따른다.

　그러니까 칸트는 지구에서 벌어지는 일을 판단하기 위한, 혼란스럽기보다는 규칙적인 것으로 보이는 관점이 있으리라고 암시하는 듯하다. 이 관점은 경험을 넘어서는 이성의 관점으로, 천문학이나 우주론에 빗대어 설명된다. 마치 인류의 진보를 이해하기 위해 코페르니쿠스의 태양 중심적 관점을 채택하는 문제인 것처럼 말이다.

　그런 것처럼, 그렇다, **오로지 그런 것처럼**. 칸트는 계속해서 다음과 같이 말한다.

> 그러나―그리고 이는 정말 불행한 일인데―우리는 자유로운 행동을 예측하는 일에 관한 한 우리를 이러한 관점의 자리에 놓을 수 없다. 그것은 인간의 온갖 지혜를 넘어서는 곳에 있는, 그리고 인간의 자유로운 행동으로도 확장되는 '섭리'의 관점이기 때문이다. 이 자유로운 행동은 인간이 '볼' 수는 있지만 확실하게 '예견할' 수는 없는 것이다. (같은 쪽)

　우주론의 용어로 서술하는 우월한 관점을 요청하는 순간에도, 그리고 코페르니쿠스를 거론하면서도 칸트는 지구의 일을 판단하기 위해 요구되는 공정한 시선을 유추해 특징지을 수 있는 유일한 관점으로 지구 중심주의에서 벗어나는 관점을 소환한다. 그러면서 그는 동일한 제스처로 그것을 금지한다.

실제로 다른 곳에서와 마찬가지로 여기에서도 칸트는 인간 종의 인류성과 인간의 궁극적 진보를 사유하거나 판단하기 위해 외계인에 대한 철학픽션을 필요로 하는 듯이 보인다. 그러나 동시에 그는 그것이 불가능하거나 유지될 수 없음을 알고 또 그렇다고 선언한다.

요약하자면, **여기에 없는 철학픽션이 필요하다.**

그러나 잠시 지구로, 지구인들에게로 돌아가자. 칸트의《인간학》이 증명하듯이, 완전한 타자의 관점을 채택할 필요성은 역시 여기에서 시작되니 말이다.

평생 자신의 고향 쾨니히스베르크를 떠나지 않았던 칸트는 실제로 서문에서 "'세계시민'으로서 인간에 대한 지식"(p. 42)을 연구하겠다고 선언한 직후에 어떻게 해야 인간학적 관점을 "나머지 사람들"(같은 쪽)로 확장할 수 있을지 자문한다. 그러고는 두 가지로 대답한다. 첫째로, 허구와 허구적 여행을 이용할 것이라고 말한다. 그러나 둘째로, 다른 곳에 대한 상상으로 들어가기 전에 자신의 터전에서 습득해야 할 **선험적** 이해가 필요하다고 말한다. 이는 철학픽션 여행자에게 세계가 어떻게 확장될 수 있는지를 보여준다.

인간학의 범위를 확장하는 방법 중에는 여행에 의지하는 것이 있다. 단순히 여행기를 읽는 형태로만 가능할지라도 말이다. 그러나 인간학의 장을 넓히기 위해 바깥의 어디를 보아야 하는지 알고자 한다면, 그 전에 우선 자신의 터전에서 동료 시민들이나 동향인들과 교제하며 인간에 대한 이해를 습득해야 한다. 그러한 (인간에 대한 이해를 미리 상정하는) 계획이 없다면, 인간학의 관점에서 세계시민은 영원히 매우 제한된 존재로 남을 것이다. … 엄밀히 말하면 인간학을 위한 원자료는 존재하지 않지만, 그럼에도 세계사, 전기傳記, 희곡, 소설과 같이 대체물로 사용할 수 있는 보조 수단은 있다. 실제로 분명히, 마지막 두 보조 수단은 본질적으로 경험과 진실 대신 오로지 시적 발명에 바탕을 둔 것들이다. 그리고 여기에서는 꿈에서처럼 과장된 성격이나 상황에 놓인 인간을 탐구하는 것이 허용된다. 결과적으로, 이러한 유형의 글쓰기는 인간에 대한 이해에 유용한 가르침을 가져다주지 않는 것 같지만, 그럼에도 … 확실히 어느 정도 과장되기는 했지만 질적으로 인간의 본성과 일치한다. (《인간학》, pp. 43~44)

공정한 판단을 추구한 것이 칸트—타자, 심지어 매 순간마다 완전한 타자의 시선을 도입하는 것으로서의 판단력에 대해 끊임없이 생각했던[14]—의 위대한 업적이라는 점이 사실이라면, 분명 그는 이러한 이유에서 '마치 ~와 같은'에 대한, 즉 확장된 지평에 접근할 수 있는 유일한 가능성으로서 픽션 또는 허구성에 대한 물음에 직면했다. 한나 아렌트가 상기했듯이 칸트는 "모든 종류의 여행기를 열정적으로 읽는 독자"[15]였다. 그리고 "그는 쾨니히스베르크를 한 번도 떠나지 않았"지만 "런던에서뿐 아니라 이탈리아에서도 어느 길을 걸어야 할지 잘 알았을" 것이라고 아렌트는 덧붙인다. 계속해서 아렌트에 따르면, 심지어 그는 "너무나 많은 나라에 대해 너무나 많은 것을 알고 싶어 했기" 때문에 결국 "여행을 할 시간이 없었다"(같은 곳). 그렇게 픽션이나 삽입된 이야기를 통해 여행하기로 선택하면서, 그를 **모든 다른** 세계시민에게로 몰아간 범세계주의로 인해, 칸트는 시작인 동시에 한계로서의 철학픽션에, 그러니까 다른 존재에 상상으로 접근하면서도 다른 존재를 경험하지 않는 철학픽션에 전념하게 되었던 듯하다.

그러니 《판단력 비판》처럼 가장 엄밀하게 철학적일 뿐 아

---

14 특히 칸트가 마르쿠스 헤르츠 Marcus Herz에게 1771년 6월 7일과 1772년 2월 21일에 보낸 편지를 참조하라. 거기서 칸트는 "나의 판단을 타자의 관점에서 … 바라봄으로써 이전의 나의 관점을 개선할 수 있는 제3의 통찰에 도달할 수도 있을 것이라는 희망"을 품고 있다고 말한다. 또 "미시적 관찰에서 보편적 시선으로 그 지평을 넓혀서 상상할 수 있는 모든 관점을 채택하기를, 그리하여 타자의 관점에서 내려진 판단을 상호적 방식으로 하나의 관점에서 '검증'하기를" 원한다고 말한다. 이 편지는 한나 아렌트가《칸트 정치철학 강의》에서 인용했다(Hannah Arendt, *Juger, op. cit.*, pp. 71~72) [국내서는《칸트 정치철학 강의》(김선욱 옮김, 푸른숲, 2000) – 옮긴이]

15 *ibid.*, p. 74.

니라 확실히 덜 허구적인 그의 저작에서조차 칸트가 "로빈슨 풍"(p. 222)이라고 부르는, 여행 문학의 평범한 장소 중 하나가 자주 등장하더라도 놀라지 말자.

무인도에 대한 로빈슨풍의 모티프는 실제로 (1790년부터 시작된) 세 번째 《비판》에서 여러 번 등장한다. 그리고 이미, 미에 관한 사심 없는 취미 판단을 정의하는 유명하고 중요한 단락(§ 2)의 거의 첫 대목에서 등장한다.

대상의 존재에 대한 표상과 관련된 만족을 우리는 관심이라고 부른다. … 그러나 대상이 아름다운지 아닌지의 문제에서 우리가 알고자 하는 것은, 이 대상의 존재가 우리 자신이나 다른 누군가에게 어떤 중요성을 갖는지, 혹은 가질 수 있는지에 대한 것이 아니라, 우리가 그것을 숙고하며 만족을 느낄 때 그것을 어떻게 판단하는가에 대한 것이다. … 내 눈앞에 보이는 궁전이 아름답냐고 누군가 묻는다면, 나는 구이 전문점 외에는 파리의 아무것도 높이 쳐주지 않는 이로쿼이족 추장처럼 대답할 것이다. 혹은 충분히 편안한 오두막집을 갖고만 있다면 사람들에게 돌아갈 희망이 전혀 없는 무인도에 있든, 마법처럼 단순히 내 의지로 그토록 화려한 건축물을 나타나게 할 수 있는 능력이 있든, 신경 쓰지 않을 것이다. … 그러나 이는 여기서 중요하지 않다. 중요한 것은 그러한 질문을 함으로써 대상에 대한 순수하고 단순한 표상에 대해 내가 무심할지라도 만족하는지 여부다. 사람들은 미에 대한 판단에 사소한 관심이 섞이는 것은 지극히 편향된 태도이며 결코 순수한 취미 판단을 구성하지 않는다는 것을 인정해야 할 것이다. (《판단력 비판》, pp. 130~131)

　칸트는 무관심한 취미 판단을 설명하기에 앞서, 관점이 확장되거나 추상적이 되면서 나타나는 관심이나 욕망에 대한 인간학의 다양한 형태를 여기서 간략히 살펴보려는 것 같다. 여기서는 (그가 여행기[16]에서 빌려온) 추장의 이국적 관점, 인간 사회로부터 고립된 인물로 가정된 로빈슨의 허구적 관점을 살펴본다. 하나씩 하나씩, 추장에서 로빈슨까지, 보편적인 것을 향해 나아간다. 추장이 지나치게 탐욕스러운 취향이라는 어리석

---

16 하이너 클레메Heiner Klemme가 작성한 독일어판 주석(Emmanuel Kant, *Kritik der Urteilskraft*, Felix Meiner Verlag, 2001, p. 435)은 칸트가 프랑수아자비에 드 샤를부아François-Xavier de Charlevoix의 작품《새로운 프랑스의 역사와 개괄: 왕령으로 떠난 북아메리카 항해 일지와 함께 Histoire et description générale de la Nouvelle-France, avec le Journal historique d'un voyage fait par ordre du Roi dans l'Amérique Septentrionnale》(Paris, 1744)에서 이 이로쿼이족 추장의 이야기를 발견했다고 밝힌다. 제3권에 등장하는 레디기에르 공작 부인에게 보낸 편지(1721년 8월의 편지, p. 322)에서 실제로 다음과 같은 구절을 볼 수 있다. "이로쿼이족 사람들은 1666년에 파리에 갔고 그곳에서 왕실과 이 위대한 도시의 아름다움을 모두 보았지만, 그 어떤 것도 존경하지 않았습니다. 그들은 오로지 온갖 종류의 고기로 가득 찬 푸줏간들이 모인 위셰트 거리를 보고 감탄했습니다. 만약 그들이 그 거리를 보지 않았다면 아마 자신들의 마을을 더 선호했을 것입니다."

음으로 우리를 웃기는 반면, 무인도의 사내는 그가 처한 상황과 무관하게 보편적 인류에, 인간 그 자체에 근접해 있다. 어떤 특수한 상황 탓에 섬에 고립된 그는 역설적이게도 보편적 인간이다.

．

무인도에 고립된 로빈슨의 형상[17]은 《판단력 비판》(§ 41)의 후반부에 등장하여 일종의 반대되는 움직임을 행한다. 실제로 순수한 미에 대한 판단이 대상에 대한 관심과 완전히 연관되지는 않아야 한다는—미적 능력으로서 판단력이 욕망 혹은 욕구의 능력에 관한 한, 일종의 고립된 무인도여야 한다는(§ 2

---

17 시모네 레가초니Simone Regazzoni가 언급하듯이(*La filosofia di Lost*, Ponte alle Grazie, 2009, p. 29), 자크 데리다는 로빈슨 크루소와 하이데거 교차 읽기에 몰두한 2002~2003년 세미나(*La Bête et le souverain*, II, Galilée, 2010)에서 이 로빈슨의 형상이 무엇인지 물었다. 레가초니는 데리다가 "섬이란 무엇인가"라고 질문하면서도 "세계는 없고 오직 섬만 있다"라고만 말하며 질문에 답을 하지 않았다고 지적한다. 레가초니가 바르게 언급했듯이, "섬에 대한 사유가 우리로 하여금 필연적으로 세계를 다시 생각하게 하고, 세계가 저기 외부에 있다는 관념에 대해 토론하게 하는 것처럼, 세계는 유일하고, 진실하고, 견고하며, 우리가 경험을 하도록 한다"(*ibid.*). 몇 페이지 뒤(pp. 35~36)에서 들뢰즈의 《차이와 반복 Différence et répétition》의 서문을 따라("철학책은 일종의 SF여야 한다") 레가초니는 자신의 모국어로 '판타필로소피아 fantafilosofia'로 부르는 것, 즉 내가 앞서[20쪽] 언급한 잡지 《버티고Vertigo》의 특별호(no. 32, 2007, p. 6)에서 개괄한 뒤에 여기서 이름붙인 개념인 **철학픽션**을 고찰한다.

에서 §5)—가설을 확립한 뒤, 칸트는 미의 첫째 정의를 다음과
같이 내렸다.

'취미'는 대상이나 표상 방식을 만족과 불만족을 통해 완전히
사심 없이 판단하고 평가하는 능력이다. 그러한 만족의 대상을
우리는 '미'라고 부른다. (《판단력 비판》, p. 139)

이러한 정의를 얻은 뒤에야 칸트는 되돌아갈 수 있다. 그리
고 어떤 경험적 관심이 순수한 미적 판단과 관련될 수 있음을
그가 나중에 인정하게 만든 것은 역시 로빈슨풍이다.

어떤 관심도 어떤 것을 아름답다고 선언하는 미적 판단의 **결정
적 원칙**이 되어서는 안 된다는 점이 위에서 충분히 확인되었다.
그러나 이로부터 **순수한 미적 판단**이 주어진 뒤에 어떠한 관심도
미와 결합될 수 없다는 결론이 나오지는 않는다. … 미에 대한
경험적 관심을 불러일으키는 것은 오로지 **사회**에서만이다. …
무인도에 버려진 사람은 자기 자신만을 위해 오두막을 청소하
거나 화장실을 청결하게 유지하지는 않을 것이다. 자신을 치장
하기 위해 꽃을 심는 것은 고사하고 꽃을 따러 가지도 않을 것
이다. 그는 오로지 사회 안에서만 자신이 한낱 사람이 아니라
문명화된 사람이라고 생각할 것이다(이것이 문명의 시작이다). 실
제로 우리는 자신의 즐거움에 대해 다른 사람과 소통하는 능력

과 소통하려는 성향이 있으며, 사회의 다른 사람들과 어떤 대
상에 대한 만족감을 공유할 수 없다면 그 대상에 만족하지 않
는 것 같다. (같은 책, § 41, pp. 248~249, 나의 강조)

무인도에서 로빈슨은 극단적 고립이 모든 **세계시민적**cosmo-
politique 관점으로부터 단절되는 한, **잘 가꾸려는**cosmétique 충동
이 들지 않을 것이다. 따라서 로빈슨의 모티프는 이중의 역할
을 한다. 하나는, 취미 판단의 사심 없는 순수함을 확보하는 것
이 여전히 관건일 때, 로빈슨(의 모티프)은 특수한 인간을 자
신의 맥락에 따라 보편적 인간으로, 섬에 고립된 특성 탓에 자
연적으로 지닌 순수한 인간성에 한정된 인간 존재이게 하는 축
이자 경첩이다. 다른 하나는, 일단 그러한 순수함이 획득되면,
로빈슨은 자신의 (지나치게) 순수한 미적 판단을 더 **상위의** 관
심, 즉 탁월한 인간적 특성으로서의 의사소통 능력으로 사용할
수 없는 허구적 인간이 된다.

달리 말하면 순수한 것으로서 미에 대한 취미 판단의 순간은
확실히 로빈슨풍이어야 한다. 그러나 그는 또한 사회적이어야
한다. 말하자면 보편적으로 공유되는 관점에 의해 인도되어야
하는데, 로빈슨은 이런 점에서 이로쿼이족에 한참 미치지 못한
다. 취미 판단을 통해 채택된 **관점의 관점**에서라는 관점에서, 이
판단은 절대적으로 유일하고singulier(판단 주체의 특이성singularité
이라는 섬에 갇히고 고립된) 완벽하게 보편적이어야 한다.

곧 알게 되겠지만, 로빈슨은 관점을 다양하게 하는 연속의 한가운데에 있는 순간이다. 그는 이로쿼이 추장에서 코페르니쿠스적 이성까지, 파리의 구이 전문점에서 태양까지 이어지는 관점의 선 위에 놓인 점이다. 그러나 로빈슨은 또한 의심할 여지없이, 이 선의 연속성을 훼손하는, 지구에 사는 일종의 외계인이기도 하다. 그는 인류를 고립시킴으로써 인류의 어떤 특성을 사유하는 데 필요한 철학픽션, 철학픽션적 존재다.

판단의 동방

이제 미직 경험을 통해 판단 주체의 관점을 범세계적 차원으로 확장할 기반을 닦는 세 번째《비판》을 읽을 시간이 된 것 같다.

지금까지 그래왔듯이, 너무 멀거나 너무 가까워서 지나치게 일반적인 것을 암시하는 데 그치거나 세부에 빠지지 않으면서 처음부터, 말하자면 바른 각도와 바른 관점에서 정석대로 읽을 때가 되었다.

그러면《판단력 비판》에서 방향을 어떻게 잡을 것인가? 완전히 다른 타자의 가상 공간으로 접어드는 길을 내기 전에《판단력 비판》을 한눈에 파악하고 조감하려면 그것을 어떻게 대면해야 할까? 어떤 방향에서? 그리고 어떤 지평에서?

이러한 질문들은 칸트의 이름이 새겨진 담론의 방향으로 향하는 것에 관한 한 잘못된 은유가 아니다. 칸트 자신이 1786년의 저작에서 "방향을 정하는 것에 대한 확장된 개념"을 제안하기 때문이다. '사유에서 방향을 정한다는 것은 무엇을 의미하는가?'라는 제목의 이 에세이에서 칸트는 오늘날의 GPS를 능가하는 고대 천문 관측 장치에 대해 말하는 것처럼 보인다.[18]

> 방향 정하기는 문자 그대로 주어진 하나의 방위로 나머지 방위, 특히 해가 뜨는 방향[동방 – 옮긴이]을 찾는 것을 의미한다. 하늘의 태양을 보고 지금이 정오라는 것을 안다면 동서남북을 찾을 수 있다. … 이 개념은 공간을 통해, '수학적'으로뿐만 아니라 일반적인 방식으로는 사유를 통해, 즉 '논리적'으로 방향을 정하는 능력으로 구성되어 있기 때문이다. (경험을 통해) 인식된 대상과 결별해 경험의 모든 한계를 넘어 확장되기 시작할 때 방향을 정하는 능력의 고유한 사용을 안내하는 것이 순수한 이성의 임무가 될 것이라고 쉽게 유추할 수 있다. (pp. 57~59)

따라서 몇 페이지 뒤에 칸트가 사유의 "이정표" 혹은 "나침

---

18 Emmanuel Kant, Vers la paix perpétuelle, Que signifie s'orienter dans la pensée?, Qu'est-ce que les Lumières?, Jean-François Poirier et Françoise Proust 옮김, Garnier-Flammarion, 1991, p. 57 *sq.* [국내서는 〈사유 안에서 방향 정하기란 무엇인가?〉, 《비판기 저작 I》(홍우람 옮김, 한길사, 2019) - 옮긴이]

반"이라고 부르는 것은 "초감각적 대상의 영역에 합리적으로 접근할 때 방향을 잡는 것"을 허용하는 "이성의 순수한 믿음"(p. 66)인 셈이다.

이와 관련하여 외계인에 대한 가설이, 이 철학픽션이 바로 **방향을 잡는** 도구인 것은 아닌지 자문해볼 수 있을 것이다(그리고 우리는 **결국** 여기로 되돌아올 것이다). 그것은 항해자의 육분의처럼, 여행하는 관찰자의 관점을 **어딘가**에 고정하는 역할을 할 것이다.

그러나 칸트를 읽기에 앞서 우리가 해야 할 질문은 다음과 같다. 《판단력 비판》에서, 그러니까 철학사에서 최초로 자율권을 가진 미학의 영역을 정립하려 시도했던 저작, 다시 말해 미학을 일종의 무인도로 만들고자 했던 저작에서 어떻게 방향을 잡을 것인가?[19]

---

19 판단력에 대해 칸트는 실제로 그것이 "자율성을 증명한다"(p. 54)라고 말한다. 그러나 그는 또한 이 자율성이 더 정확히는 'héautonomie'("자기 자신"을 의미하는 그리스어 'heauton'에서 유래한 단어)라고 명시한다. "우리는 그것을 '자율성 héautonomie'이라고 불러야 하며 … 판단력이 자연에도 자유에도 법칙을 부여하지 않고 그저 판단력 자체에 법칙을 부여하므로 …"(같은 쪽) (지식과 이성과 관련한) 비판적 기획의 중심에서 판단력의 자율적 또는 자발적héautonome인 고립성은 칸트의 미학을 알렉산더 고틀리프 바움가르텐 Alexander Gottlieb Baumgarten의 미학(*Aesthetica*, 1750)과 구별해준다. 바움가르텐이 '미학 aesthetica'이라는 단어의 창시자라면, 칸트는 미학의 철학적 영역을 일종의 지식의 반도, 즉 논리적 지식보다 감각적이면서 덜 엄

칸트는 마치 지금까지 알려지지 않은 이 영토로의 항해가 시작되는 지점에 있는 독자를 도우려는 것처럼, 서문의 마지막에 자신의 사유의 궤적에 대한 계획이나 지도(〈책 전체의 구분〉, p. 128)뿐만 아니라, "개요"로 오성 및 이성과 관련하여 판단력을 배치한 "표"까지 제공한다(p. 127).

우리가 읽을 채비를 하려고 닻을 올리는 순간에 파노라마로 일별하는 이 위로부터 포착한 시선(일종의 **개요 효과**)은 진정한 출발점에서 현기증 날 정도로 **확대**된 시선에 익숙해지도록 우리에게 요구하는 듯하다.

1편

미적 판단력 비판

1절

미적 판단력 분석

1권

미의 분석

취미 판단의 제1계기: 질적 측면에서

§1

취미 판단은 미적이다.

격하고 덜 이성적이어서 약화된 지식으로 생각한다.

아주 멀리서부터 이 새로운 지역의 경계로 접근하는 우리는 이 텍스트의 시작에서, 새의 시선을 두더지의 눈으로 교체한 감각으로, 텍스트의 터널에서 길을 잃을 준비가 되어 있다. 그토록 가까이에서 우리는 무엇을 알아볼 수 있을까?

> 어떤 것이 아름다운지 아닌지 구별unterscheiden하기 위해, 우리는 지성을 통해 표상을 인식 대상과 연관시키는 것이 아니라 … 그것을 주관에, 그리고 유쾌하거나 불쾌한 주관의 감정과 연관시킨다. 취미 판단은 따라서 지적 판단, 즉 논리적 판단이 아니라 미학적 판단, 즉 그것을 결정하는 원리가 '주관적일 수밖에 없는' 판단이다. (《판단력 비판》, § 1, pp. 129~130)

그런데 취미 판단을 지적 판단과 구별하는 이 주관적 관점은 또한, 우리가 보았듯이, "사물의 존재를 조금도 염려해서는 안 되는"(§ 2, p. 131) 사심 없는 관점이기도 하다. 따라서 그것은 유쾌한 것이나 좋은 것 — 칸트가 정성 들여 하나씩 제거한 관점들(§ 3에서 § 5[20]) — 에 대한 문제가 될 수 없다.

---

20 "즐거움에 대한 만족은 관심과 관련이 있다"(§ 3, p. 132). "선에 대한 만족은 관심과 관련이 있다. 선한 것은 이성의 도움으로 그 개념만으로도 선하다. 우리는 '수단으로만 좋은 어떤 것'(유용한 것)에 대해 선하다고 말한다. 그러나 우리는 '스스로에 의해 좋은 것'을 그 자체로 선하다고 말한다. 두 경우 모두 항상 목적의 개념이 있기에 이성이 의지와 맺는 관계와 … 결과적으로

그러나 미학적 관점은 "편견" 없이 **주관적인 동시에 사심이 없기 때문에 보편성**을 주장할 수 있고 또 그래야 마땅하다. 이는 지적 판단의 객관적 보편성이 아니라 칸트가 명백히 역설적 표현으로 명명한 것, 즉 미에 직면하여 터득된 만족의 **주관적 보편성**이다.

실제로 이 만족이 어떤 성향에 (그 어떤 심사숙고된 관심에도) 근거하지 않고, 반대로 그러한 판단을 하는 사람이 그 대상과 관련한 만족에 대해 전적으로 '자유롭다'고 느끼는 한, 그는 그러한 만족의 원리에서 오로지 주관에만 의존하는 어떠한 개인적인 조건도 도출할 수 없다. 따라서 그는 불가피하게 이러한 만족이 각각의 다른 사람들에게jedem anderen 존재한다고 가정할 수 있는 것에 근거한다고 여겨야 한다. 결과적으로 그는 누구든지jedermann 이 유사한 만족을 느끼리라고 기대하는 것이 타당할 수밖에 없다고 믿어야 한다. … 따라서 그는 미에 대해 말할 때 마치 미의 속성이 대상의 속성인 양 말할 것이고, 실제로는 미학적 판단에 불과한 것을 논리적 판단인 양(대상에 대한 인식을 구성하는 양) 말할 것이다. 그리고 그러한 판단이 어쨌든 논리적 판단과 유사하므로, 즉 그러한 판단이 누구에게나jedermann

대상이나 행동의 '존재'에 대한 만족에는 일종의 관심이 포함된다." (§ 4, p. 134)

유효하다고 가정할 수 있으므로, … 따라서 취미 판단에는, 모든 이해관계에서 떠나 있다는 의식과 함께, 객관성에 근거한 보편성 없이도 누구에게나jedermann 타당해야 한다는 요구가 달려 있을 수밖에 없다. 즉 취미 판단에는 주관적 보편성 subjektive Allgemeinheit에 대한 요구가 결부될 수밖에 없다. (같은 책, § 6, pp. 139~140)

나의 판단은 내 관심의 네트워크에 의해 짜인 특정한 맥락에 나를 고정시킬 수 있는 모든 것으로부터 풀려날 때 모든 사람의 판단이 될 수 있다. **마치 모두가, 혹은 더 정확히 말하면 누구나 각자**(칸트는 '모두alle'가 아니라 '누구나 각자jedermann'라고 쓴다)가 공유하는 객관적인 판단인 양 말이다.

그런데 어떠한 객관성도 보장하지 않으면서 나의 순수한 미학적 관점에 곧바로 포함되어 있는 것처럼 이야기되는 이 **각각의 사람들**은 누구인가? 그리고 내가 점유한 관점들 중 한 가지 관점을 **각자**가 애초부터 가상으로 차지하고 있다면, 이 섬처럼 고립된 미학적 순수함은 무엇이라고 해야 하는가?

나아가, 여전히 우리의 주목을 요하는 중요한 단락(§ 40)에서 칸트는 이 **각자**의 관점을 "각각의 타인들jedes andern"의 장소 또는 위치Stelle라고 명명할 것이다. 따라서 우리는 이를 읽으면서 미학적 관점이 스스로를 어디까지 폭넓게 확장하는지 자문하게 될 것이다. 달리 말하면, '각각의jeder'라는 형용사가 내포하는 배분 법칙에 응답할 수 있는 이 타자들은 누구인가? 타자들, 즉 모든 타자의 범위는 어느 지점까지 확장될 수 있는가?

계속해보자.

우리가 앞에서 보았듯이, 취미 판단이 일종의 무인도로만 표현될 때만 진정으로 사심 없는 것이라면, 그것이 근본적인 고립화를 통해 편견으로부터 고립되어야 하기 때문에 언제나 로빈슨풍이라면, 이 순수한 미학적 판단은 지구에 떨어진 외계인의 판단과 유사할 것이다. 내가 아름답다고 말하는 대상을 마주하여 그것이 아름답다고 말할 수 있기 위해, 나는 다른 행성 거주자의 관점과 같을 **수 있을** 뿐 아니라 같아**야만 하는** 관점을 채택하는 상황에 놓인다. 이런 의미에서 미에는 화성인―토성인, 금성인 등등―의 관점이 항상 있을 것이다. 마치 미가 전적으로 지구의 또는 지상의 미가 아닌 **것처럼**―그렇다고 신성화될 필요는 없지만―말이다.

그러나 나 자신, 즉 지구의 외계인인 이 로빈슨 역시 내가 무인도 같은 고립과 사심 없음을 통해서 미를 판단하려고 할 때마다 모든 타자의 보편적 관점에 **의해**, 또는 그것을 **향해** 방향을 설정한다.

그것에 '**의해**', 또는 그것을 '**향해**'라고? 이는 실제로 칸트가 제기하는 질문이기도 하다. 그는 아름다운 대상에 의해 유발되는 만족이 보편적 의사소통 능력에 선행하며 그 뒤에 그것을 **향하는 것인지** 자문한다. 혹은 반대로, 의사소통 능력이 대상을 표상하는 데서 생겨나는 기쁨에 선행하는 것으로서, 어떻게 보면 이 기쁨을 그것의 효과이자 결과로 유발하는 것인가? 그렇다면 판단은 보편적 의사소통 능력에 의해 방향이 정해지는가?

실제로 이 문제는 "취미 비판의 열쇠"라고 칸트는 분명히 밝힌다. 따라서 그는 두 번째 가설을 지지하며 단호하게 결론을 내리기에 앞서 이 문제가 "이 점에서 주의를 기울일 가치가 있다"라고 주장한다.

> 주어진 대상과 관계된 기쁨이 선행한다면, … 그러한 방식은 자기모순적일 것이다. 그러한 기쁨은 감각 안에서의 순수하고 단순한 즐거움에 불과할 테니 그 본질상 개인적이고 사적인 타당성만 있을 수 있기 때문이다. 따라서 불가피하게 취미 판단의 기반이 되고 대상과 관계된 기쁨을 그 결과로 갖는 것은 … 마음 상태의 보편적 의사소통 능력이다. (《판단력 비판》, § 9, pp. 146~148)

우리는 미학적 판단을 통해 보편적으로 소통 가능한(말 그대로 공유할 수 있는, 즉 전달할 수 있는mitteilbar, 전달 능력이 있는mitteilungsfähig) 마음 상태Gemützustand의 내용 또는 구조로 되돌아올 것이다. 지금 여기서 중요한 것은 이 의사소통 능력이 즐거움

Lust에 **선행하는** 것으로, 따라서 즐거움이 **의사소통 능력에서 유래**하는 것처럼 보인다는 점이다.

그런데 이 마음 상태는 실제로 누구와 공유하는가? 심지어 마음이 즐겁기도 전에, 혹은 즐겁기 위해 이 마음 상태가 누군가에게 미리 전달될 수 있는가?[21]

칸트는 '누구에게나jedermann'라고 말했다(§ 6). 말하자면 모든 타자, 타자인 모든 사람, 각각의 타인들jedes andern(§ 40)이라고 그는 덧붙인다. 실제로 칸트는 취미란 "주어진 표상에서 우리의 감정을 '보편적으로 전달할 수 있게' 하는 것을 판단하는 능력으로 정의할"(같은 쪽) 수 있다고 암시한다. 그리고 이런 의미에서 판단력에 "상식gemeinschaftlichen Sinnes"의 이름이나 별명을 부여할 수도 있다. 실제로 칸트는 이 명명식을 구실로 자신이 "여담"이라고 부르는 길로 **빠지는**데, 거기에서 그는 이러한 상식의 세 가지 "규범"을 나열한다. 이 규범들은 엄밀하게 말해서 취미 판단에 속하지는 않지만 그 원칙을 해명하는 데 도움이 될 수 있다.

이 규범들은 다음과 같다. 1. 스스로 생각하기Selbstdenken, 2. 각기 다른 사람의 시각에서an der Stelle jedes andern 생각하기,

---

21 나는 《듣기, 우리 귀에 대한 이야기*Écoute, une histoire de nos oreilles*》(Minuit, 2001)에서 음악 듣기에 대한 이러한 "전달의 구조"의 결과를 탐구하고자 했다.

3. 항상 자기 자신과 일치하게mit sich selbst einstimmig 생각하기. (같은 책, p. 245)

자기 자신selbst을 가리키는 나머지 두 개로 둘러싸인 중간의 규범은 칸트가 여담의 끝에서 유일하게 "판단력의 규범"(p. 246)이라고 말한 것이다. 첫 번째와 마지막 규범이 오성과 이성에 관한 것인 반면, 판단과 엄밀하게 관련된 중간의 규범은 칸트가 "확장된 사유의 형태"(프랑스어로는 "영혼의 열림"으로 번역되는 "확장된 사고 유형erweiterter Denkungsart")라고 부른 것과 관련이 있다. 이것이 가능한 때는 인간이

> 그토록 많은 타자를 괄호로 묶는 판단의 주관적 조건과 사적인 질서를 넘어서고, 자기 고유의 판단을 (자신을 타자의 관점에 놓았을 때만 규정할 수 있는) '보편적 관점'에서부터 검토하기 시작할 때다. (같은 쪽)

독일어로 이 관점은 말 그대로, 보기 위해 서 있는 지점(슈탄트풍크트Standpunkt)²²을 뜻한다. 그런데 그것이 보편적이라고

---

22 다른 맥락에서 칸트는 또한 독일어로 '힌지히트Hinsicht(고려)' '아우시히츠풍크트Aussichtspunkt(전망)' '게지히츠풍크트Gesichtspunkt(견지)'에 대해 말한다. 예를 들어 세 번째《비판》§ 27(p. 201)과 § 43(p. 257)을 보라. 주지하듯이, 슈미트는 인간이라는 이 땅의 존재(Landwesen)의 '슈탄트

allgemein 말해질 수 있으려면 이런저런 타자의 입장에 서는 것(심지어 스스로 그 타자의 주관성에 제일 자주 갇혀 있는 것)으로는 충분치 않다. 다른 사람과 똑같이 포착한 관점의 자리를 차지하는 것으로도 충분치 않다. 오히려 칸트가 세 가지 규범에 대한 여담에서 말했듯이, 이 관점이 다른 모든 사람의 관점을 취해야만 한다. 혹은 보다 정확히 말하면 **각각의 타자**의 관점을 취해야만 한다. 이러한 판단력의 이념은,

'말하자면gleichsam' 인간 이성 전체에 자신의 판단을 의지하기 위해, 그럼으로써 특정한 질서의 주관적 조건에 의해 생성되어 판단에 악영향을 끼칠 환상을 피하기 위해, 자기 반성을 통해 각각의 타자들의 표상 방식auf die Vorstellungsart jedes andern을 ('선험적으로') 사유할 때 이를 고려하는Rücksicht nimmt 것이다. 이런 일은 다른 사람의 판단에 의해 자신의 판단이 뒷받침될 때 ─그들의 실제 판단보다는 단순히 가능적인bloss mögliche 판단에 더 의존하면서─, 그리고 각각의 타자의 자리에in die Stelle jedes andern 스스로 서볼 때 일어난다. (같은 책, pp. 244~245)

이 구절은 매우 중요하지만 칸트의 독일어가 지닌 뉘앙스와

─────

풍크트Standpunkt(입장)'에 대해 말했다. 그리고 "서 있는 지점"으로 번역한 '슈탄트풍크트'는 그에게 '블리크풍크트Blickpunkt', 즉 "관점"을 부여했다. '공간의 할당 및 분배' 장(p. 34)을 참조하라.

그 울림을 여기서 완벽하게 표현하기는 어렵다. 각각의 타자의 관점을 "고려"한다고 말할 때, 칸트는 "Rücksicht nehmen auf"라고 말한다. 말 그대로 마치 각각의 **타자를 향해 뒤를 돌아보는** 자신의 시선을 이중으로 함으로써 그 시선이 **자신 또한** 고려하게 해야 한다는 듯이. 프랑스어 번역이 시선에 대한 독일어 특유의 복잡한 순환을 명확하게 재현할 수 없다면, 여기서 프랑스어 어휘가 구조적으로 결함이 있다면, 반대로 칸트가 "각각의 타자의 자리die Stelle jedes andern"에 대해 말할 때 어째서 번역자들은 이를 "다른 모든 인간"에 관한 것으로 의도적으로 과도하게 구체화해야 한다고 믿는지 의문이다.

사실 이 규정되지 않고 열려 있는 "각각의 타자jedes andern"라는 집합을 인간으로 제한하려는 충동 또는 강박이야말로 문제의 전부다. 한편으로는 각각의 타자가 타자들과 더불어 전체를 형성하고 그들과 함께 모였을 때 "인류" 전체라고 지칭될 수 있는 집단이 된다고 말하는 것은 아무것도 없기 때문이다. 다른 한편으로는 칸트가 "말하자면gleichsam" "인간 이성 전체die gesamte Menschenvernunft"에 판단을 의지한다고 할 때—조금은 그가 《인간학》에서 인종과 그 특성에 대해 말했을 때 그랬듯이—, 가상이든 철학픽션이든 비인간의 이성과 비교하지 않고도 전체-로서의-인간-이성을 동일한 것으로 생각할 수 있는지 자문할 수 있다.

칸트는 분명히 그렇게 말하지 않는다. 적어도 이 부분에서는 그렇게 말하지 않는다. 그러나 《판단력 비판》의 이 부분이 칸트의 논의 전체에서 다른 부분과 크게 동떨어진 내용은 아니다. 우리가 보았듯이 칸트의 논의는 우리가 이성적 존재인 이유를 차별화되고 상대적인 정체성을 통해 사유하기 위해 인간도 지상의 존재도 아니지만 신성한 것도 동물도 물론 아닌 완전한 타자를 불러낸다.

그렇기는 하지만, 프랑스어 번역가들이 제한성을 덧붙여야 정확하다고 믿은 것은 지금부터 우리가 가늠해보려는 것과 일치한다. 실제로 칸트 자신에게서 외계 이성의 가능성에 대한 일종의 억압이나 거부가 있었을지도 모른다. **오늘날까지의 경험적 범위를 벗어나 있지만 선험성과 영원함의 범위를 넘어서지는** 않는 외계 이성의 존재가 검증을 통해 부정될 것이라는 의미는 아니다. 철학픽션의 소환이 아무리 필수적일지라도, 또 그토록 많은 칸트의 텍스트에 흔적을 남기는 긴요성의 측면에서 볼 때, 철학픽션이 판단의 인간화 또는 지구로의 귀환에 유리하도록 꾸준히 은폐된다는 의미에서다.

이것은 다음과 같은 질문의 주장과 요구를 막지는 못한다. 사유하기 위해서는, **각각의 타자**, 심지어 **모든 타자**를 고려하기 위해서는, 명시적 방식이든 암묵적 방식이든, 혹은 공공연한 방식이든 숨겨진 방식이든 간에 **완전한-타자**에 대한 철학픽션을 감수해야 하지 않겠는가?

지구로의 귀환
(각주에 숨은 외계인)

        우리가 기억하기로 《천체 이론》에서 칸트는 외계인의 존재 방식을 오래 검토한 끝에 다음과 같은 말로 결론을 내렸다. "이러한 생각으로 마음을 가득 채운다면"—즉 칸트가 이전 페이지에서 그랬듯이 "멀리 떨어진 천계의 거주자들"을 형성할 수 있을 만큼 위계화된 광대한 체계를 한눈에 바라보고 훑어보았을 때—, "고요한 밤에 별이 반짝이는 하늘의 광경을 바라보는 것은 고귀한 영혼만이 느낄 수 있는 일종의 기쁨을 가져다준다".

    1755년에 쓰인 이 글에서 우주생물학적 추측[23]은 별로 가득 찬 하늘의 광경 앞에서 누리는 기쁨을 위해 어떤 식으로든 마음의 **준비**를 하게 만드는 것처럼 보인다. 이 문장의 독일어 구문 wenn… so을 보면 앞에서 말한 추측과 만족 간에는 인과 관계, 혹은 최소한 상관 관계가 있는 듯하기 때문이다.

    35년 뒤, 《판단력 비판》에서 동일한 하늘의 광경은 완전히 다른 질서에 대한 고찰을 불러일으킨다. 실제로 비판적 전회 이후 미학은 순수한 취미 판단을 통해 순수하게 분리되거나 고립되어야 하며, 어떠한 사변적이거나 이성적인 개념성에도 의

---

23 이 말은 오늘날 다른 세계의 생명체 연구를 지칭하는 데 관용적으로 쓰이는 과학 용어다.

존하지 않아야 한다. 따라서 외계 생명체에 대한 가설은 무효화되고 미적 경험에서 배제되어야 한다.

> 별이 빛나는 하늘의 광경을 '숭고'하다고 말할 때, 이러한 판단이 이성적 존재가 거주하는 세계의 '개념'에 근거하는 것은 불가능하며, 우리 위의 공간을 가득 채우고 있는 반짝이는 점들이 매우 정확한 합목적성에 의해 그 세계를 위해 설정된 원들을 따라 운행하는 그 세계의 태양이 될 것이라는 생각이 여기에 간섭하는 것 역시 불가능하다. 그러나 우리는 단지 우리가 보는 그대로의 하늘을 고려해야 한다. … 그리고 우리가 순수한 미학적 판단에 의해 대상에 부여되는 숭고한 특성을 확립하는 것은 이러한 표현에 의해서만 가능하다. (〈미감적 반성적 판단의 해설에 관한 일반적 주해〉, p. 214)

외계인은 사라졌다. 그들은 지상의 숭고함 바깥으로 밀려났고, 비판적 능력들을 고립해야 하는 엄정한 요구를 방해하지 않기 위해, 이성과 취미가 서로를 침범하는 위험에 빠지지 않기 위해 그들의 집으로 돌아가야 했다. 따라서 마치 칸트는 젊은 시절의 저작(그는 《천체 이론》에서 저자를 밝히지 않은 것처럼, 매번 서명을 하지는 않았다)에서부터 지구에서의 미학적 경험, 또 인간들 사이에서의 미학적 경험을 재영토화해야 하는 것처럼 보인다.

《천체 이론》과 《판단력 비판》 사이만큼 [시간적으로] 거리가 멀고 [내용이] 서로 다른 저작들을 비교했을 때 사람들은 만일 다른 세계의 거주자들이 후자(《판단력 비판》)에 자리하지 않는다면, 그것은 칸트가 비판적 성숙기에는 버렸던 젊은 시절의 환상이나 순진함이라고, 그가 그것을 잊었거나, 심지어 부정했거나 억압했다고 생각할지 모른다.

그러나 칸트의 마지막 저작(《인간학》)에 이르기까지 외계인이라는 모티프가 지속되었고, 그것이 다양한 형태로(확실히 《천체 이론》에서보다는 덜 문자적으로) 주기적으로 재등장한 것은 그것이 칸트가 잠깐 탐닉한 공상에 불과한 것이라는 생각을 막는다. 또한 세 번째 《비판》서를 읽으면서 보았듯이, 보편적 관점의 문제는 지구에 쉽게 포함되거나 국한될 수 없다. 혹은 적어도 우리는 경계에 대해, 즉 관점의 확장을 막음으로써 "확장된 사고방식"을 향한 판단의 확장에 제동을 거는 한계에 대해 다음과 같이 정당하게 자문할 수 있다. **제2의 자아**Alter Ego 로서의 타자를 넘어서는 **완전한 타자**가 포함되어야 하는가(포함되지 말아야 하는가)?

판단에 대한 비판이 지구와 지구인에 한정될 수 있다고 생각할지라도, 《인간학》에서 인류의 특성이 외계인과의 비교를 통해서만 규정될 수 있었듯이 그것은 구조적으로 지구를 벗어나는 경향이 있다. 그리고 실제로 우리가 이제부터 **범세계적 관점**을 다루는 칸트의 다른 텍스트에서 보게 되는 것은 마찬가지로 비교를 위해 지구를 벗어나야 할 필요성이다.

●

세 번째 《비판》이 출판되기 직전, 그러니까 1784년에 집필한 에세이 《세계시민의 관점에서 본 보편사의 이념》[24]에서 실제로 칸트가 한 질문은 인간 행동의 전개를 한눈에 보기 위해 취해야 하는 관점에 관한 것이다. "인간 의지의 자유로운 행사를 '총체적으로' 검토할 때" 역사, 즉 그러한 발현을 묘사하는 역사적 이야기는 거기서 "규칙적인 흐름을 발견"(p. 477)할 수 있는가? 우리가 스스로를 다음과 같은 관점에 놓고 보는 것이 가능할까? 즉 "혼란스럽고 불규칙하게 보이는 개인들의 행동"을 넘어서, "꾸준하지만 느리게 발전하는 인간의 고유한 재능"과 같은 어떤 것이 "전체 종의 역사 속에서"(같은 쪽) 나타날 수 있는, 그런 관점에 놓고 보는 것이 가능할까?

따라서 또다시 관건은, 역사적 전개를 통해 인류를 그 자체로 고려할 가능성이 있는 전 지구적 관점 혹은 광범위한 관점이다. 그리고 타자들이 취할 수 있는 그러한 관점, 즉 새의 눈 같은 그러한 관점의 **가능성**에 의문을 제기하는 것은 철학자의 몫이다.

---

[24] Emmanuel Kant, *Critique de la faculté de juger*, Luc Ferry 옮김, *op. cit.*

〔인간의〕 행동과 몸짓이 세계라는 거대한 무대 위에 드러나는 것을 보았을 때 우리는 여기에 환멸을 느끼지 않을 수 없다. 때때로 특정한 개인에게서 지혜가 드러나긴 하지만 전체적으로는 어리석음, 유치한 자만심, 심지어 종종 사악함이나 파괴욕을 발견할 따름이다. 따라서 결국 자신의 우월성에 심취한 우리 종족에 대해 어떤 개념을 형성해야 하는지 알 수 없게 된다. 여기서 철학자는 다음과 같은 가르침 말고는 그 무엇도 이끌어낼 수가 없다. 그가 인간 전체와 그들의 행동에서 어떠한 합리적이고 '개인적인 의도'도 추측할 수 없다는 점에서, 그는 인간사의 부조리한 행렬에서 적어도 가능할 법한 '자연의 의도'를 찾아야 한다. 그 자연의 의도에서부터 개인의 계획이 아니라 자연에 의해 결정된 계획에 따라 진행되는 피조물의 역사가 형성될 수 있다. 우리는 그러한 역사를 위한 안내선을 찾을 수 있을지 여부를 시험해보는 것이다. 그런 다음 이 안내선을 따라 역사를 쓸 수 있는 인간을 생성시키는 일을 자연에 맡길 것이다. 자연은 뜻밖의 방식으로 행성의 기이한 궤도를 정해진 법칙에 종속시킨 케플러를 만들지 않았던가? 또 자연은 이 법칙을 보편적인 자연적 원인에 근거해서 설명한 뉴턴을 만들어내지 않았던가? (《보편사》, pp. 478~479)

철학자의 위치는 이처럼 포괄적이고 파노라마적인 관점의 **바로 그 지점**에 정확히 놓이지 않는다. 철학자의 위치는 오히려 그러한 관점의 원칙을 심문하는 것으로 구성된다. 달리 말해, 칸트가 여기서 마련한 천문학적 메타포를 확장하고 더 발전시키기 위해, 철학자는 인류의 역사에서 케플러나 뉴턴이 차지한 자리에 놓이지 않는다. 오히려 철학자는 그들이 태어날 가능성, 그들이 볼 가능성을 심문한다.

그런데 칸트의 눈으로 보기에 이러한 시선이나 관점은 가능한 것이다. 그리고 우리는 인류가 역사의 과정에서 "완벽한 정치 연합"(〈아홉 번째 명제〉, p. 492)을 향해 스스로를 발전시켰다고 생각해야 한다. 그러한 것이 인류를 위한 "자연의 계획", 즉 "가장 작은 국가에 이르기까지 모든 국가가 자기 고유의 힘이나 자체적인 법적 판단에 의해서가 아니라 오직 이 거대한 국가 연합에 의해서만 자신의 안전과 권리를 기대할 수 있는" (〈일곱 번째 명제〉, p. 487) 범세계적 입법 체계의 기초라는 것도 생각해야 한다. 오늘날의 용어로 볼 때 칸트가 고려하려 한 것은 보편적으로 정의로운 제도에 기초한 공정한 세계화인 것 같다.

그러나 세계의 이러한 세계-됨, 하나이자 정의로운 (딱 하나인) 세계로의 연합을 칸트는 보편적 픽션, 특정한 **다른 세계**에 대한 철학픽션에 의지하지 않고는 생각할 수 없었다. 〈아홉 번째 명제〉의 도입부에서 인류의 역사를 종족들의 정치적 연합이자 종족 내의 정치적 연합을 목표로 하는 것으로 생각할 수 있다고 주장한 바로 직후에 칸트는 이렇게 이어간다.

세계가 특정한 합리적 목적에 부합하려면 어떻게 나아가야 하는지에 대한 이념에 따라 '역사'를 구성하려는 것은 분명 이상하고 터무니없는 시도다. 그러한 의도는 '소설'로만 귀결될 것이다. 그럼에도 자연이 인간 자유의 임의적인 행사에서조차 계획이나 최종 의도 없이는 진행되지 않는다는 것을 인정한다면, 이러한 이념은 아마도 유용할 것이다. 비록 우리가 자연이라는 기관의 숨겨진 메커니즘을 통찰하기에는 너무나 근시안적이지만, 그럼에도 이러한 이념은 그것 없이는 계획 없는 인간 행위의 '집합'에 지나지 않았을 것을, 적어도 하나의 전체로 고려했을 때, 하나의 '체계'에 일치하는 것으로 표상하도록 안내자 역할을 할 수 있을 것이다. (같은 책, p. 493)

국가 연합을 향한 인류의 진보에 대한 이야기를 체계적으로 정리할 수 있게 해주는 범세계적 관점은, 개인의 행동에 비추었을 때는 확대되었지만, 그럼에도 집단적 규제의 비밀을 꿰뚫기에는 매우 근시안적이다. 이러한 목적 또는 이러한 비전, 요컨대 이러한 **개념**은 허구다. 유용하고 활용 가능한 소설인 셈이다. 이처럼 '**마치 ~처럼**', '**왜 없겠는가**'는 필요한 관점의 가능성을 수행적 방식으로 **허구적 효과를 통해** 생성할 수 있다.[25] 이

---

25 내 책《환상의 몸 Membres fantômes》(Minuit, 2002, p. 21 *sq.*)에서 **허구적 효과**(effiction)에 대해 다루었다.

는 칸트가 〈여덟 번째 명제〉의 도입부에서 명료하게 말한 세계의 완전한 범세계주의를 통해 실현되도록 예정된 "숨겨진 계획"이라는 허구적 개념으로, "정치적 예언"(p. 494) 혹은 철학의 "천년왕국설"에 잘 어울리는 이러한 비전은 단지 언급되는 것만으로도 그 실현에 기여한다. 거기에는 우리가 관념적이거나 이상적인 픽션의 **허구적 효과**의 고리로 묘사할 만한 요소가 있다.

'전체적으로 인류의 역사는 완벽한 정치 구조를 생성하기 위해 자연의 숨겨진 계획을 완성한다고 볼 수 있다. … 그러한 구조는 자연이 인류를 통해 자체의 모든 성향을 완전히 발전시킬 수 있는 독특한 상황을 실현한다.' 이 명제는 앞선 명제의 결과다〔실제로 칸트는 〈일곱 번째 명제〉에서 전쟁과 인류의 악조차도 결국은 인류가 범세계주의로 나아가도록 한다는 가설을 세웠다〕. 우리는 철학에도 '천년왕국설'이 있을 수 있다는 것을 안다. 그러나 철학은 철학이 지닌 이념과 같은 천년왕국설의 출현을 아주 멀리서만 도울 수 있을 뿐이다. (같은 책, p. 490)

따라서 예언적이든 단순히 허구적이든 그러한 천년왕국설의 관점은 순환적으로 작동하며, 그 고유한 허구의 효과를 실현하기 위해 신중하게 작동한다.

그러나 이 '마치'의 효과, 그것의 **허구적 효과**는 다른 세계와 외계 생명체에 대한 철학픽션도 관통한다. 칸트는 이미 "경험이 우리에게 이런 유의 목적이 있는 자연적 과정을 드러내는지"(《보편사》) 계속 자문하면서 다시금 우주론적 비유, 즉 행성의 자전적 순환이라는 비유를 통해 대답한다. 따라서 끊임없이 검증되는 칸트 담론의 필요성에 따라 범세계주의는 마치 우주론을 요구하는 것처럼 보인다.

> 이 [가능성 있는 진보의] 순환은 완성되기까지 너무 오랜 시간이 걸리므로, 이와 관련하여 인류가 횡단한 작은 부분을 통해 전체 경로의 형태와 전체에 대한 부분의 관계를 확정할 수 없는 것처럼 보인다. 따라서 우리의 태양이 그 위성의 모든 행렬과 함께 거대한 행성계에서 이행한 경로를 지금까지 행해진 천문 관측을 통해 규정하기는 불가능하다. 그럼에도 세계의 체계적인 구성에 대한 보편적 토대와 우리가 관찰한 작은 부분을 통해, 우리는 그러한 순환의 실체가 무엇인지 충분히 결론을 내릴 수 있다. (같은 책, p. 490)

그 규칙적인 형상을 아주 멀리서만 볼 수 있는 인간사의 이러한 주기를 우리는 칸트가 프랑스 혁명에 헌정한 《학부들의 다툼》(1797)의 2부에서 만나볼 것이다. 그러나 '보편사의 이념'을 다룬 이 1784년의 에세이에서 우리가 다루는 대목들을 보면 이는 결국 지구상의 보편법과 정의에 관련된 문제다. 그리고 이처럼 생각되기 위해서는 허구적으로라도 외계 생명체에 대한 가설의 지평 안에 놓여 있어야 한다. 실제로 주석에서 칸트는 다시금 분명하게 우주생물학적 철학픽션에 호소한다. 시간을 들여서 본문 페이지 하단에 자리 잡은 놀라운 각주를 읽어보자.

인간은 동족과 함께 살아갈 때 '지배자가 필요한 동물'이다. 왜냐하면 인간은 자신과 동족인 인간에게 반드시 자신의 자유를 남용하기 때문이다. 또한 그가 합리적 피조물로서 모든 인간의 자유를 제한하는 법을 원할지라도, 그의 동물적이고 이기적인 성향은 자기 자신을 그 법에서 최대한 제외하게 만든다. 따라서 그는 자신의 특수한 의지를 무력화하고 각자가 자유로울 수 있도록 보편적으로 유효한 의지를 따르게 하는 '지배자'가 필요하다. 그런데 어디서 그런 지배자를 얻는가? 인간종족에게서밖에는 얻을 수가 없다. 그러나 이 지배자 또한 그와 마찬가지로 지배자가 필요한 동물이다. 개인들 중에서든 사회의 집단 안에서든 스스로 공정한 공의의 수장을 어떻게 얻을 수 있을지는 알 수 없다. 그들 각각은 그들 위에서 법적인 힘을 행사할 사람이 없으면 항상 자유를 남용할 것이기 때문이다. 그러나 최고 수장은 자신이 인간임에도 불구하고 '스스로' 정의로워야 한다. 따라서 이는 모든 임무 중에서도 가장 어려운 임무다. 솔직히 말하면 이 임무를 완벽하게 수행하기는 불가능하다. 인간을 형성하는 나무는 너무 구부러져서 똑바로 자를 수가 없다.
자연은 우리가 단지 이러한 개념에 접근할 수 있도록 허용할
뿐이다.*

* 따라서 인간 노릇하기는 몹시 어렵다. 다른 행성의 거주자는 어떤지, 그
들의 성향은 어떤지 우리는 알지 못한다. 그러나 우리가 자연이 부여한
이 사명을 성공적으로 수행한다면, 우리는 우주라는 조직에서 우리
이웃들 중에서 덜 하찮은 지위를 받을 자격이 있음을 확실히 기대할
수 있다. 아마도 이들의 경우 각 개인은 각자의 거처에서 개인의 일생
안에 자신의 목적지(Bestimmung)에 완전히 도달할 수 있을 것이다. 우
리의 경우는 다르다. 우리는 인류라는 종으로서만 이런 희망을 키울 수
있다. (《학부들의 다툼》, p. 485)

이 구절에서 이상하게도 갑자기 외계인이 등장한다. 본문에
서 다른 행성의 주민들에 대한 주석에 도달하기까지는 분명 비
약이 있다.

다른 세계의 이 생명체들은 어디에서 왔으며, 어째서 그들은
지금 여기 이 단락에 오기로 선택했는가? 처음에 우리는 칸트
의 논의가 갑자기 또 임의로 심연의 거리를 가로지른다는 인상
을 받는다. 마치 한 우주에서 다른 우주로 은하계의 도약이나
분출이 일어나는 것처럼. 그러나 위성의 주석이 본문의 중력으
로부터 멀어지는 광년, 즉 본문에서—마치 밀반입되듯 신중하
긴 하지만—다른 세계에서 온 합리적 존재를 부르는 것에 귀
를 기울인다면 무한해 보이는 이 거리가 줄어들 것이다. 칸트
가 말하기를, 지구의 수장, 주인, 주권자는 인간이어야 한다. 즉

인류를 그들 자신도 모르는 목적으로 인도하기 위해 인류의 인간성을 조망할 수 있는 인간이어야 하며, 그는 인간이라는 종 안에서 그 자체로 받아들여지고 이해되어야 한다. 이는 지구인에게 강요된 불가능한 일이므로, 무한히 지연됨의 경계에서만 지구인의 목적지 또는 의미(두 단어 모두 독일어로 'Bestimmung'이다)에 도달한다. 반면에 외계인은 여러 세기에 걸친 세대라는 덧없는 지평을 기다리지 않고도 자기 자신과 일치하는 순간을 구현한다.

칸트의 《인간학》에서 인간이라는 종의 특징을 규정하는 비교 요소에 대한 불가능한 요구가 등장하듯이, 여기서 지구 외부의 합리적 존재인 **외계인**은 인류가 자기 자신을 찾기 위해 점진적으로 가까워지는 경계이자 접선으로서 등장한다. 우리가 길게 언급했던 카를 슈미트의 말에 따르면 외계 생명체 내부에서, 혹은 외계 생명체를 통해 인류는 구체화되고, 스스로를 그처럼 정의하고, 지구라는 우주선 위에 올라탄 여정의 끝에 도착할 수 있다.

이제야 분명해졌다. 칸트의 외계인에 대한 언급이 처음에 읽었을 때처럼 마치 유성처럼 갑작스레 출현한 것이 아님이 말이다. 외계인에 대한 언급은 고립되지도 자의적이지도 않으며, 반대로 비록 지하(지구 밑이라고 해도 좋을 것이다)에 숨겨진 방식이지만 칸트의 저작을 관통하는 심오한 논리와 일치한다. 본문과 그 주위를 맴도는 페이지 하단 주석 위성의 간극이 벌어지면서 예상되는 것은 실제로 **인류를 외계라는 경계로부터 사유할 필요성**이다.

확실히 《천체 이론》과 비교했을 때 이 필요성은 이제 칸트의 논의에서 그 자리를 찾기가 어렵다. 외계인들은 여기에서 밀려나, 기묘한 위성 같은 각주의 축소된 우주 공간에 갇혀 있다. 그러나 그들의 귀환은 더욱더 징후적일 뿐이다. 그리고 그들의 필요성은 더욱더 다루기 어려워지기만 한다.

·

그렇다면 왜, **어떤 목적에서 칸트의 외계인들이 필요한가?**

특정한 관점에서 바라볼 목적에서다. 그러니까 칸트가 자신의 《천체 이론》에서부터 탈지구적 가능 조건을 막연하게 예감했던, 그리고 《인간학》에 이르기까지 그의 주요 저작 바깥에서 낮은 목소리로 끊임없이 질문했던 이러한 범세계적 시선에서 바라볼 목적 말이다. 실제로, 그러한 시선이 발견되고, 표시되고, 새겨진 페이지를 발굴하면서, 우리는 맨 첫 저작부터 마지막 저작에 이르기까지 칸트의 텍스트 전체를 대강 훑어보기만 한 것은 아니다. 또한 우리는 무엇보다도, 한나 아렌트가 부분적으로 개척한 길을 따라, 사변적 우주론을 통해 미학에서 정치학에 이르는 경로를 스케치했다. 고전적 독서의 연대기적 시간을 거꾸로 거슬러 올라감에 따라, 마치 《판단력 비판》의 주관적 보편성과 《보편사의 이념》의 범세계주의를 결합하고 연결하는 쐐기가 《천체 이론》의 우주적 시각에 있는 것처럼 모든 일이 일어난다. 마치 취미 판단이 지향하는 근거 위의 **각각의 사람들 모두**가 인류 자체를 포함할 수 있으려면 외계의 지구들에 거주하는 **완전한 타자들**을 통한 우주론적 우회를 통해야만 하는 것 같다.

우리가 아직 완수해야 할 우회를 마친 뒤에, 우리는 카를 슈미트 읽기를 통한 전략 지정학적 고려 사항을 상기해야 할 것이다. 그러고 나면 미학과 정치의 교차점에서, 혹은 더 좋은 표현인 **코스메티크**와 **코스모폴리티크**의 교차점에서 우리에게, 진정으로 **감각적인 것의 지정학**이 관건인 전쟁이 벌어지는 대지가 펼쳐질 것이다.

3장

코스메티크와 코스모폴리티크

타자의 시선과
동일한 시선

우리는 어디에 있는가?

우리는 어디에서 와서 어디로 가는가?

우리는 카를 슈미트가 묘사한 지구상의 신세계의 발견에서 시작하여, 우리를 **둘러싼** 우주에서 아직 탐험되지 않은 별들인 다른 새로운 세계의 거주자들이 지닌 외계적 시각에서 본 칸트의 우주정치에 이르는 먼 길을 통과해왔다. 혹은 세부 둘레에 선을 긋고 범위를 설정하는 작업을 가리키는 디지털 이미지 처리 용어로 말한다면, 우리의 **윤곽선을 도려낸** 우주라고 하는 편이 나을 것이다. 우리 자신이기도 한 이 세부는 프리드리히 니체에 따르면 "수많은 태양계의 반짝거림 속에 흩뿌려진 우주에서 멀리 떨어진 한쪽 구석"[1]에 있다.

---

1 Cinq préfaces à cinq livres qui n'ont pas été écrits, Michel Haar et

이제 우리를 사로잡기 시작하는 무중력의 감각을 이용하여 우리의 여정을 잠시 멈추고자 한다. 우리의 여정을 잠시 떠오르게 하고 SF의 영역을 향해 표류하게 하기 위해. 우리는 **우리의 시각**에, 즉 우리의 관점을 구성하는 것에 더 주의를 기울이는 좀 더 예리한 시선으로 돌아와야 한다.

잭 핀리Jack Finley의 소설《신체 강탈자의 침입》[2]은 돈 시겔 Don Siegel과 아벨 페라라Abel Ferrara를 비롯한 여러 영화감독에 의해 여러 차례 각색되었다고 알려져 있다. 소설에서 볼 수 있듯이, 여기서 침입자는 "우주 포자"다. 하늘에서 떨어진 식물의 외피에 들어 있는 이 포자는 "엄청나게 큰 크기의 완두콩이나 콩의 꼬투리"(p. 167)처럼 보인다. 이 포자는 자신이 떨어진 지구라는 환경에서 마주치는 모든 형태의 생명체를 **세포 단위로** 완벽하게 복제하는 능력이 있다. 예를 들면 인간, 지구인을 그렇게 할 수 있다. 이 사실을 설명해주는 식물학자이자 생물학자 버나드 버드롱은 다른 사람들과 마찬가지로 이 **동일해지는 변형**의 희생자가 된다. 또 그의 설명은 어디에서든

Marc de Launay 옮김, Nietzsche, *Œuvres*, I, Gallimard, coll. 'Bibliothèque de la Pléiade', 2000, p. 293.

2 1955년에 출판되었다가 '폴리오 에스에프 Folio S. F.' 컬렉션으로 재발행된 미셸 르브룅Michel Lebrun(Denoël, 1994)의 프랑스어 번역을 인용했다.

우리 자신만을 보게 하는 우리 상상력의 한계에 대한 판단이기도 하다.

"물론 어떤 의미에서 우리는 이 꼬투리를 기생충으로 생각할 수 있습니다"라고 버드롱〔이 이름은 싹bud을 상기시킨다〕은 계속해서 말했다. "하지만 마치 개 위에 올라탄 벼룩처럼 숙주에 들러붙지 않는 우수한 기생충입니다. 〔그 꼬투리는〕 적합한 환경이면 어디에서든 마주치는 살아 있는 생명체를 전부 다 세포 단위로 완벽하게 복제하여 스스로를 재구성할 수 있습니다." 버드롱은 손을 들었다. "여러분이 제가 완전히 미쳤다고 생각한다는 것을 잘 압니다. 자연스러운 현상이지요. 우리는 우리 인간이라는 개념의 희생자이고, … 우리의 사유 방식, 삶의 현상에 대한 기초적이고 제한적인 개념의 포로이기 때문입니다. 사실 우리가 우리 자신과 완전히 다른 것을 생각해내기는 거의 불가능하지요…. 그 증거로 SF 소설이나 SF 만화에서 화성이나 달의 주민을 묘사할 때, 그들은 항상 우리 자신의 캐리커처 버전 같아 보입니다! 우리는 그렇게밖에는 상상할 수 없으니까요! 그들에게 다리 여섯 개, 팔 세 개, 머리에 돋아난 작은 더듬이를 붙여줄 수는 있겠지요. 그래도 그들은 여전히 작은 인간입니다!" 그는 게으른 학생을 꾸짖듯이 검지를 들어 올렸다. (《신체 강탈자의 침입》, pp. 195~196)

이런 이야기가 다른 소설과 달리 외계인과의 차이를 강조하는 대신, 반대로 우리와 전혀 구별되지 않게 되는 능력을 강조하는 SF 소설 속 인물의 입을 통해 나오는 것이 놀랍게 보일 수 있다. 그럼에도 포자에 의해 복제된 인간이 겪는 **변화 없는 변형**의 관건이 인류의 한계라는 점은 이해할 수 있다. 다시 말해 인류의 특성과 윤곽은 인류와 동일한 모습으로 복제되는 것을 통해 드러난다. 마치 우리가 복제물과의 차이를 찾아내도록 강요받으면서도 거울처럼 복제하는 작업을 통해서만 스스로를 관찰하고 정의할 수 있는 것처럼 말이다. 분명히 거기에는 아무런 차이가 **없다**.

중심인물이자 서술자인 마일스 버넬이라는 의사는 인간과 인간을 대체하는 복제물을 구별하게 하는 것이 감정임을 알아차린다. 그렇다, 열정이나 감정의 표현이야말로 휴머노이드 복제물에게 결여된 요소다. 그들을 위협하는 식물적인 변형에서 벗어나기 위해 마일스와 그의 동료 베키 드리스콜은 감정을 **숨겨야** 한다. 아무도 변화시키지 않는 것처럼 보이게 하는 이 기이한 돌연변이에 의해 내부에서 포위된 도시를 탈출하면서, 그들은 마주치는 위협적인 복제물들이 자신들에게 무관심하게 만들기 위해 무관심한 척해야 할 것이다.

몇 걸음 앞에 한 남자가 주차된 차에서 내려 멈춰 서서 우리를 기다렸다. 그는 경찰 복장이었고 이름은 샘 핑크였다. 베키는 잠깐 멈춰 섰지만, 나는 베키를 데리고 일정한 걸음으로 걸어가 샘 앞에 멈춰 섰다. "음, 샘", 나는 **심드렁하게** 말했다. "이제 우리 는 당신과 같습니다. 썩 나쁘지 않군요." … 그는 내가 방금 말한 것을 머릿속으로 돌려보며 계속해서 나를 쳐다봤다. 나는 **완벽 하게 무관심한 채로** 참을성 있게 기다렸다. (같은 책, pp. 228~229, 나의 강조)

이 점이 소설에서 영화로 전환될 때 이러한 플롯, 즉 SF를 통한 SF의 비판이라는 다음과 같은 멋진 도전이 된다. **무관심 또는 무관심한 상태를** 어떻게 이미지로 보여줄 것이며 어떻게 알 아차리게 할 것인가?

확실히 냉전 시대를 배경으로 제작된 많은 미국 영화가 이처럼 외계의 힘에 조종된 개인들의 감정 없는 시선, 감정의 부재를 보여준다. 이때 외계의 힘은 소비에트 전체주의에 대한 투명한 알레고리임을 금세 알아차릴 수 있을 것이다. 〈화성의 침략자 Invaders from Mars〉(윌리엄 캐머런 멘지스William Cameron Menzies, 1953), 〈지구 대 비행접시Earth vs. The Flying Saucers〉(프레드 F. 시어스Fred F. Sears, 1956)를 생각해보라. 이러한 B급 영화들에 비하면 돈 시겔 감독이 1956년에 연출한 〈신체 강탈자의 침입〉이 지닌 강점과 독창성은 주인공 마일스(캐빈 매카시)와 베 키(데이너 윈터)가 자신들이 **무관심하게 보이도록** 행동하는 것이 어렵다는 점에서 나온다. 따라서—그리고 이는 시나리오 작가

나 연출가가 핀리의 소설에 추가해야 **했던** 세부 사항이다—영화 속 젊은 여성은 지나가는 트럭에 치이려는 개를 보았을 때 비명을 참지 못한다. 이때 카메라는 복제된 경찰이 도망치는 두 사람을 뚫어지게 쳐다보는 **시선**을 세 번이나 집요하게 보여준다. 마치 감독의 렌즈가 다름difference과 무관심indifference 간의 붙잡을 수 없는 차이를, 보이지 않는 대신 **우리를 응시하는** 이 구별되지 않는 구별을 필사적으로 포착하려고 애쓰는 듯이 말이다.

실제로 소설에서는 플롯의 시작부터 시선이 문제가 된다. 마일스와 베키는 아직 아무것도 모르는 윌마를 찾아간다. 윌마는 삼촌 아이라가 실은 자신의 삼촌이 아닌 것 같다고 의심하고 있다. 비록 보이지는 않지만 무관심이라는 차이가 삼촌의 눈에 비치기 때문이다. 윌마는 다음과 같이 말한다.

> 아이라 삼촌은 제게 어렸을 때부터 아버지와 같았어요. 그리고 삼촌이 제 어린 시절을 떠올리며 얘기할 때면 그의 눈에는 언제나 특별한 반짝임이 있었어요…. 그런데 말이에요, 마일스, 바로 그 눈빛이 사라졌어요! (같은 책, p. 25)

그렇다면 보는 방식의 차이를 어떻게 보여줄 수 있을까? 우리와 뒤섞이고 그로부터 **우리를 우리의** 차이로 특징짓는 타자 또는 완전한 타자의 관점은 어떻게 보일 수 있을까?

〈신체 강탈자들〉(1993)에서 아벨 페라라 감독은 시선을 고집하지 않고 믿을 수 없을 만큼 놀라운 방식으로 시선을 외면한다. 영화에서 배우의 시선을 똑바로 보려고 하는 나 같은 관객을 그처럼 밀어내는 영화는 드물 것이다. 그러나 동시에 그런 행위가 부질없는 노력으로 다가왔다. 사실 내 눈과 그들의 눈에는 **겉보기에** 어떠한 차이도 없었으니 말이다.

페라라의 영화에서는 베키와 마일스가 아니라 마티(개브리엘 앤워)와 팀(빌리 워스)이 휴머노이드가 된 포자들이 침입한 군대를 탈출하려 한다. 마티는 군 병원에 갇혀서 복제되는 중이며, 복제가 거의 끝나가는 **최후의 순간에** in extremis 팀이 그녀를 구출한다. 이들은 팀의 헬리콥터에 합류하려 하는데, 장교가 무표정한 시선으로 명령을 내리자 들키지 않기 위해 이들도 무관심한 척한다. 도망 중인 커플은 이번에는 마티의 친구인 젠을 만난다. 젠은 마티의 남동생 앤디가 마티를 찾고 있다고 말한다. 마티와 젠은 한참 동안 서로를 **눈에 띄게 무관심하게** 바라보다가 각자 갈 길을 간다. 그러나 마티는 참지 못하고 뒤돌아서 묻고 만다. "'어디에' 있어? 앤디 말이야!"

이 지점에서 아벨 페라라는 차이 — 다름과 무관심 사이의 포착할 수 없는 차이 — **보여주기**를 포기하고 끔찍한 비명이 울려 퍼지게 한다. 아무것도 말하지도 표현하지도 않는 **기이한** 비명은 음향 테이프를 찢어버리고, 젠이 비명을 지르면서 손가락으로 가리키는 헬리콥터의 프로펠러가 칼날처럼 회전하면서 이미지를 찢어버리는 것처럼 보인다. 참을 수 없는 비명은 시선 자체가 찢어지지 않고서는 볼 수 없는 것, 즉 우리 인간과 완전히 다르면서도 매우 유사한 타자의 관점에서 추적해낸 차이를 통해 우리 자신을 가리키고 **표시한다**.

우리가 볼 수 있는 관점을 갖게 해주는 것이, 인간으로서는 발견할 수 없는 우리의 차이를 가로지르는 이 찢어진 시선이 아니라면 말이다.

무엇이 우리의 시선을 찢는지 볼 수는 없다. 그러나 분명한 것은 우리의 시선에 서식하며 시선을 구성하는 이러한 찢어짐 없이는 볼 수 없다는 것이다.

일부 SF 영화는 우리가 칸트에서 읽기 시작한 이 아포리아와 모범적인 방식으로 씨름한다. 즉 미학적 관점이 그것의 보편화를 암시한다면, 그리고 이러한 보편화의 목표가 결국 완전한 타자의 철학픽션에 의해 결정되는 우주정치를 암시한다면, 이러한 암시는 **시선 속으로** 접혀 들어가 **경계에서만** 보이는 내적 차이의 접힌 곳을 두드러지게 함으로써 시선을 복잡하게 만든다.

존 카펜터John Carpenter의 SF 영화 〈화성인 지구 정복They Live〉(1988)은 이러한 한계를 탐구한다. 여기서 한계는, 이렇게 표현해도 된다면, 사팔뜨기의 한계이자, 시선에 내재한 한

계다. 그리고 이는 실제로 이 한계를 우주정치적 쟁점의 영역으로 만든다.

주인공 존 나다(로디 파이퍼)는 실업과 빈곤으로 점철된 로스앤젤레스에 도착한다. 그는 건설 현장에서 임시 일자리를 구하고, 노숙자들이 살아남으려 애쓰는 공터에서 밤을 보낸다. 곧 그는 이웃한 작은 교회에서 뭔가 이상한 일이 벌어지고 있음을 알아차린다. 실제로는 녹음된 테이프인 합창단 리허설을 구실로 사람들은 권력을 쥔 "그들they"에 대한 반란을 준비하고 있다. 그들은 우리 지구인에게 광고 포스터, 책, 신문이나 TV 쇼에 숨겨진 잠재의식 메시지를 보냄으로써 끊임없이 우리에게 명령을 상기시킨다. "순종하라", "소비하라", "생각하지 마라"와 같은 그들의 명령을 부지중에 도처에서 읽고 볼 수 있다.

존은 교회에서 찾은 상자에서 검은 선글라스를 발견한다. 그것을 쓰자 잠재의식 메시지가 흑백으로 나타날 뿐만 아니라, 세계 자체가 흑과 백이 되어 얼굴이 변하지 않는 이들—인간, 지구인—과 엑스레이로 촬영한 해골처럼 뼈가 드러나는 외계인으로 나뉜다. 선글라스를 통해 보았을 때, 모피 코트를 입고 쇼핑하는 우아한 노부인은 순종적인 소비의 법칙을 통해 우리 세계를 지배하는 생명체임이 드러난다. 존이 그녀를 욕하자 상점에 있던 다른 침략자들이 그 말을 알아듣는다. 그는 진실을 본다는 이유로 위험에 처한다.

존은 발각되고 쫓기는 몸이 된다. 외계인들은 라디오 시계로 그의 존재를 알리거나 인공눈이 장착된 작은 비행물체인 **드론**을 이용하여 그를 찾아내려 한다.[3] "이들이 원하는 것이 뭡니까?" 존과 함께 지하 지구인 저항에 합류한 존의 한 부하가 묻는다. 그러자 다른 부하가 대답한다. "그들은 자유기업가야. 지구는 그들이 개발하고 있는 행성에 불과하지. 이곳은 그들의 제3세계야."

여기서 SF는 인간과 지구의 정치가 외계인에게 투사된 것이다. 이 침략자들은 우리 자신이며 우리 소비 자본주의 사회다. 고전적인 시나리오에 따르면 **외계인**에는 우리의 소외가 구현되어 있다. 그러나 이러한 전통적인 미래 지향적 제스처를 넘어서, 이렇게 말할 수 있다면, 〈화성인 지구 정복〉은 문자 그대로 지구인의 시선을 **분할하는** 외계인의 관점을 화면에 등장시킨다는 점에서 특별하다. 외계인의 관점은 지구인의 시선에 거주하며 그것과 합해지기도 하고, 그것을 나누기도 한다. 영화에서 구성되는 시선이 일종의 구성적 사팔뜨기처럼 보일 정도다. 동일한 시퀀스 내의 흑백 샷과 컬러 샷 사이에서 지구인의 시각은 다른 존재, 즉 외계인의 관점을 통해 열리는 시야에 의해 끊임없이 중복되거나 둘로 나뉜다.

---

3 1988년에 만들어진 이 가상의 **드론**은 프랑스 경찰이 이른바 "위험한" 교외 지역에서 사용하려고 하는 것과 매우 유사하다. 다음을 참조하라. Isabelle Mandraud, "Des drones pour surveiller banlieues et manifestations (교외와 시위를 감시하는 드론)", *Le Monde*, 2007. 10. 12.

따라서 모든 일이 마치 시선이 시선이기 위해서는 반드시 적어도 이중적이어야 하는 것처럼, 즉 어떻게든 타자의 관점에 의해 표시되어야 하는 것처럼 이루어진다. 마치 그것이 하나의 관점으로 구성되려면 타자의 시선에 의해, 모든 시각에 존재해야 하는 **시각의 교환**에 의해 간여되어야 한다는 듯이 말이다. 요컨대 관점은 완전한 타자의 특정한 **반영**을 포함해야만 설정되고 유지될 수 있는 듯이 보인다.

곧 보게 되겠지만 이는 또한 칸트에서 다시 한번 해독하게 될 철학픽션 플롯의 핵심이다. 칸트의 저작들은 우리가 에피소드를 재구성해야 할 이야기(거의 연속극이나 시리즈 같은)와 같다. 《천체 이론》에서 《학부들의 다툼》까지, 《판단력 비판》과 《영구 평화론》이라는 제목의 "철학 스케치"에 이르기까지 여러 권에 걸쳐 흩어져 있기 때문이다.

세계의 복수성에서
혁명에 이르기까지

칸트가 《천체 이론》과 후기 저작에서 뜻밖에 반복적으로 등장하는 외계인과 함께 합류한 전통은 복잡하고, 구불구불하며, 여러 갈래가 있다. 이 전통은 경로에 영향을 미친 여러 파열에도 불구하고, 적어도 에피쿠로스부터 플루타르코스, 니콜라우스 쿠자누스[15세기 독일의 철학자이자 신학자—옮긴이]를 비롯해 많은 이들을 거쳐, 달의 주민들을 "엔 디미오니데스"라고 불렀던 케플러에 이르기까지 지속된다.[4]

---

4   다음을 참조하라. Steven J. Dick, *La Pluralité des mondes, op. cit.*, 여 러 곳. 칸트는《보편사 이념》의〈일곱 번째 명제〉에서 에피쿠로스학파 를 명시적으로 언급한다. "국가가 물질의 원자처럼 무작위로 충돌하면서 모 든 종류의 형상이 새로운 충격에 의해 차례로 파괴되어 마침내 우연히 형상 들 중 하나가 성공적인 형태를 유지할 수 있을 때까지, 작동하는 원인들의 '에피쿠로스적' 경쟁을 기대해야 하는가?(이는 발생하기 매우 어려운 행운 이다.) 혹은 차라리 자연이 여기서 우리 종을 가장 낮은 수준의 동물에서 가 장 높은 수준의 인류로 조금씩 이끌어내기 위해 규칙적인 과정을 따른다는 것을 인정해야 하는가? … 혹은 인간의 이러한 작용과 반작용으로부터는 아 무것도, 적어도 합리적인 것은 아무것도 나타나지 않을 것이며, 모든 것은 항상 그대로일 것임을 받아들일 것인가? 결과적으로 우리 종에게 너무나 자연스러운 불화가 이 진보 상태 자체를 비롯하여 그동안의 모든 문화적 진 보를 다시금 야만적으로 파괴함으로써 마침내 우리에게 악으로 가득 찬 지 옥을 가져다주지 않을지 예언할 수 없게 되기를 택할 것인가?"(pp. 487~488) 칸트는 여기서 에피쿠로스의 원자론적 교리를 언급하면서, 사람 이 거주하는 무한한 수의 다른 세계가 '실제로' 존재한다는 고대의 유물론적 전통을 가지고 논다. 우리가 이러한 심각하고 시대에 뒤처진 질문에 직면하 여 그것을 놀이라고 말할 수 있다면 말이다. 실제로 우리는 루크레티우스가 《자연의 본성에 대하여De rerum natura》에서 제시하는 에피쿠로스학파 에 대한 문학적 설명에서 "다른 한편으로 존재하는/다른 땅에는, 다양한 종 족의 인간과/다양한 종의 동물이 있다"(*De la nature des choses*, II, 1074~1076, Bernard Pautrat 옮김, Le Livre de Poche, 2002, p. 255)라는 구 절을 읽을 수 있다. 한편 케플러의《엔디미오니데스Endymionides》는 그 리스 신화에 나오는 셀레네(달)가 아끼는 청년 엔디미온에서 유래한 제목 이다[엔디미오네스는 엔디미온의 복수형이다 - 옮긴이].《달에 대한 공 상 또는 천문학 Le Songe ou Astronomie lunaire》(사후인 1634년에 출판, Michèle Ducos 옮김, Presses Universitaires de Nancy, 1984)에서 실제로 "달의 마을"에 대한 질문이 등장한다. "갈릴레오가 처음으로 발견한 달의 구

그 정점에는 의심할 여지 없이 퐁트넬이 있다.

칸트의 《천체 이론》 "부록"은 "별의 거주자"에 집중하면서 이 전통을 분명하게 환기한다. 부록에서 칸트는 1698년 헤이그에서 출판된 《우주의 관찰자Kosmotheoros》를 쓴 크리스티안 하위헌스Christian Huygens를 인용한다. 하위헌스 자신은 퐁트넬을 인용한다. 칸트는 이렇게 쓴다.

헤이그 출신의 어떤 재치 있는 이[5]의 풍자적 표현에 우리는 동의할 수밖에 없다. 그는 모든 천체에 반드시 거주자가 있다는 생각과 이미지를 재미있게 표현할 줄 알았다. 그는 이렇게 말했다. "이 피조물들은 거지의 머리 위 숲속에 살면서 오랫동안 자신들의 체류지를 거대한 지구로, 그리고 자신들을 창조의 걸작으로 여겨왔다. 그들 중 하나는 좀 더 섬세한 영혼을 타고났는데, 그들 종족의 작은 '퐁트넬'인 그는 우연히 귀족의 머리를 발견했다. 그는 즉시 자기 구역의 핵심 인사를 전부 다 불러낸 뒤, 기뻐하며 이렇게 말했다. 우리가 자연에서 유일한 생명체

멍은 대부분 반점처럼 보인다. 그것들은 내가 증명하듯이 우리 지구의 바다와 같이 땅의 평평한 지면에서 움푹 들어간 곳이다. 그러나 구멍의 모양을 보고서 나는 그곳이 늪지대라는 결론을 내렸다. 이는 엔디미온들이 보통 자신들의 마을 부지로 정하는 곳이다."

5 장 자이덴가르트Jean Seidengart가 프랑스어 번역서의 주석에서 보여주듯이, 이 사람은 사실 하위헌스다. 칸트가 인용한 구절을 《우주의 관찰자 Kosmotheoros》의 어디에서도 찾을 수 없더라도 말이다.

가 아니었어요. 여기 새로운 나라를 보세요. '여기에 더 많은 벼룩이 살고 있어요.'" … 편견 없이 판단해보자. 대다수 사람이 처한 조건인 삶의 방식과 하찮음을 아주 잘 표현하는 곤충이라는 말은 이러한 비유에 매우 적합하다. 실제로 이 곤충의 상상 속에서 자신의 존재는 자연에 무한한 중요성을 지니기 때문이다. 이 곤충은 자기 종이라는 명확한 핵심 목표가 부재한 나머지 창조물들을 헛된 것으로 여긴다. (《천체 이론》, p. 189)

다원주의자라고 규정할 수 있을 이러한 전통의 저명한 대표자 두 명을 언급하거나 인용한 직후, 칸트는 **편견 없이 판단하자**라는 결론을 내놓는다. 이는 이미 《천체 이론》에서부터 판단이야말로 칸트의 저작에서 다원주의가 키워야 할 가장 중요한 주제임을 보여준다. 《세계시민의 관점에서 본 보편사의 이념》부터 《인간학》에 이르기까지 그의 후기 저작 중에서 우리가 읽은 구절들은 모두 퐁트넬의 《대화》에서 화자가 후작 부인에게 한 대답의 영향 아래 있을 것이다.

우리는 모든 것을 판단하고 싶어 하지만, 언제나 잘못된 관점을 갖고 있습니다. 우리는 스스로를 판단하고 싶어 하지만, 우리 자신과 너무 가깝고, 다른 사람을 판단하고 싶어 하지만, 그들에게서 너무 멀리 떨어져 있지요. 달과 지구 사이에 있을 수 있다면, 그곳이야말로 그들을 가장 잘 볼 수 있는 장소일 것입

니다. 우리는 세계의 주민이 아니라 그저 구경꾼이 되어야 합니다. (《대화》, p. 84)

여러 구절을 통해, 우리는 퐁트넬이 거주자가 있는 세계의 복수성과 관련된 칸트의 주제를 얼마나 많이 예견했는지를 보고 놀란다. 곧 보게 되겠지만, 판단력뿐만 아니라 상상력과 이성이 상호 작용하는 능력도 마찬가지로, 《판단력 비판》에서 설명한 대로 숭고한 경험 속에서 자유롭게 유희한다고 말하기 때문이다. 실제로 우리는 화자와 후작부인의 대화를 읽는 동안 칸트 숭고 담론의 초안 혹은 스케치를 마주한 듯한 인상을 받는다.

"내 이성은 충분히 설득되었어요"라고 후작부인은 말했다. "하지만 나의 상상력은 이 모든 행성에 사는 무수한 주민에게 압도되었고, 그들 사이에 확립되어야 하는 다양성에 당황했습니다. 자연이 그들을 모두 다르게 만들었다는 것을 아니까요." "하지만 이 모든 것을 어떻게 상상할 수 있겠습니까? 그 모든 것을 그려내는 것은 상상력이 아닙니다." 나는 대답했다. "상상력은 눈이 닿는 것보다 더 멀리 나아갈 수 없으니까요. 우리는 단지 특정한 보편적 시각에서만 자연이 이 모든 세계 사이에 마련했을 다양성을 발견할 수 있습니다." (같은 책, p. 114)

따라서 우리는 이러한 "보편적 시각"에 대한 칸트식 구성에서 이성과 상상력 사이의 유희로 돌아갈 것이다. 판단력에 관한 한 **편견 없이 판단하자** ― 세계의 거주자가 아니라 우주의 구경꾼, 즉 **우주의 관찰자**kosmotheoros처럼 판단하자 ― 는 규범은, 우리가 보았듯이, 취미에 대한 비판이라는 위대한 사건이다. 그러나 판단에 대한 이러한 **우주론적** 관점(사심 없어야 하고, 완전한 타자는 아닐지라도 모든 타자의 관점을 채택할 수 있어야 하는)을 칸트는 《학부들의 다툼》에서도 프랑스 혁명을 예시로 주장할 것이다. 이는 세계의 흐름에 참여하지 않는다는 의미에서 세계에 거주하지 않는 관찰자의 자세에 대해 생각하는 문제다. 이러한 초연한 관찰자, 이러한 **세계의 비거주자**만이 올바른 관점에서 세계를 볼 수 있을 것이다.

《학부들의 다툼》 2부는 이런 질문으로 시작한다. "인류는 계속해서 발전하고 있는가?" 이 질문은 《보편사의 이념》에서도 반복된다. 그러나 칸트는 다음의 질문을 다시 던진다. "우리는 그것을 통해 무엇을 알고자 하는가?" 아마도 칸트는 그저 인류를 기다리고 있는 것을 예언하고 추측한 것이리라. "우리는 실제로 과거가 아니라 미래에서 가져온 인류 역사의 단편을, 말하자면 '예언적' 역사를 원한다."(p. 203)

그런데 경험은 도래할 역사에 대한 이러한 단서를 제공할 수 없고, 미래의 자유로운 행동을 내다볼 수 있는 이성의 관점(이는 우리가 이미 읽은 구절에서 칸트가 말한 바에 따르면 "인간의 지혜를 넘어선 신의 관점", 일종의 "태양에 의해 주어진 관점"으로서 우리가 살아가는, 겉보기에는 제멋대로 움직이는 것처럼 보이는 행성의 경로에 내재한 규칙성을 식별할 수 있게 해주는 관점이다)도 이제 없으므로, 아직 쓰이지 않은 역사적 이야기를 미리 읽을 수 있게 해주는 것도 없으므로, 유일하게 남은 답은 이러하다.

인류에게는 사건으로서 인류의 성향과 능력이 진보의 '원인'이 되도록 하고 (이는 자유를 부여받은 존재의 행위여야 하므로) 진보의 '창조자'가 되도록 하는 어떤 경험이 일어날 수밖에 없다. (《학 부들의 다툼》, p. 209)

진보를 "인류가 자신을 '총체적'으로 고려하는 성향"(p. 210)으로 점진적으로 결론 내릴 수 있게 해주는 "표시"이자 **"역사적 신호"**로 볼 수 있는 이 사건은 무엇인가?

문제의 사건은 바로 프랑스 혁명이다.[6] 혹은 차라리 혁명이

6 여기서 우리는 한나 아렌트가 잘 보여주었듯이(*On Revolution*, Penguin Books, 1990; *Essai sur la Révolution*, Michel Chrestien 옮김, Gallimard, coll. 'Tel', 1985), 그 유래가 '천문학적'인(코페르니쿠스의 《천체의 회전에 관하여De revolutionibus orbium coelestium》, 1543) '혁명'이라는 단어 자체의 역사를 기억해야 한다. 행성의 순환과 인간사의 과정 사이의 칸트적 유비는 우리가 특히 《세계시민의 관점에서 본 보편사 이념》에서 읽은 것으로, 이 단어의 역사에 새겨져 있다.

아니라 혁명의 **스펙터클**이다. 혹은 더 좋게, 더 정확하게 말하면, 이 사건은 멀리서도 혁명에 공감하고 그러한 공감을 공개적으로 표현하는 관중의 **관점**이다.

요컨대 이 사건은 **미학적** 사건이라고 말할 수 있다. 물론 혁명이 아름답다거나 추하다는 의미에서가 아니다(발터 벤야민 Walter Benjamin의 유명한 구절을 채택하자면, 칸트에게 정치의 미학화는 관건이 아니다). 혁명의 우주정치적 중요성과 인류의 진보와 관련해 혁명이 지닌 의미가 본질적으로 사심 없이 보편적으로 소통할 수 있는 관점에 달렸다는 의미에서 그러하다. 취미에 대한 비판은 그러한 판단을 위한 일종의 예비 교육을 구성한다.

이 사건이 인간이 행한 고귀한 혹은 중대한 행위로 구성되기를, 그 결과 인간에게 위대했던 것을 작게 만들거나, 작았던 것을 위대하게 만들기를 기대하지 말라. 고대의 찬란한 정치 구성체가 마법처럼 사라지고 땅속 깊은 곳에서부터 그 자리에 다른 것이 불쑥 생겨나듯이 이 사건이 구성되기를 기대하지도 말라. 그런 것은 없다. 이 위대한 혁명의 게임에서는 관중의 사유 방식만이 '공개적으로' 드러나며, 이러한 편파성에 이끌릴 위험을 무릅쓰고 보편적이지만 이기적인 관심을 드러낸다. 한쪽이 다른 쪽에 대항하여 (보편성으로 인해) 인류의 특성을 총체적으로 보여주며, 동시에 (사심 없음 탓에) 이 인류의 도덕적 특성을 보여준다. … 우리 시대에 벌어지고 있는 총명한 국민의 혁명이 성공할지 실패할지는 그다지 중요하지 않다. 이 혁명이 분별 있는 사람의 관점에서 비참과 잔혹을 축적할지 그렇지 않을지도 별로 중요하지 않다. 이때 분별 있는 사람은 혁명이 다시금 잘 착수되기를 희망할 수 있지만 그럼에도 결코 이를 대가로 실험을 감행하지는 못한다. 이 혁명은 (혁명에 직접 참여하지 않는) 모든 관중의 마음속에서 '공감'의 열망을 발견하며 이것은 그 표현 자체가 위험을 수반하는 열광에 밀접히 맞닿아 있다. 따라서 이 공감에는 인류의 도덕적 성향 외에 다른 원인이 있을 수 없다. (《학부들의 다툼》, pp. 210~211)

따라서 사건 자체가 아니라 그것의 **공개적** 성격이 중요하다. 이 사건의 장소는 행동의 현장이 아니라 "혁명에 실제로 참여하려는 최소한의 의도도 없이 외부에서 관중으로서 혁명을 목격하는 대중"(p. 213)의 **공공성**이다. 그곳은 심지어 혁명 자체의 목표가 "오늘날 여전히 달성되지 않았더라도"(p. 215), 혁명이 "결국 실패"했어도, "혁명 이전의 상황으로 완전히 되돌아가도" 어떤 "잊히지 않는"(p. 214) 현상이 발생하는 곳이다.

따라서 이는 우리가 지적한 것과 정확히 같은 의미에서 혁명의 미학적 차원이며, 칸트로 하여금 다음과 같은 결론에 이르게 한다.

인류는 항상 발전해왔으며 이는 앞으로도 계속될 것이다. 어떤

민족에게 일어날 수 있는 사건뿐만 아니라 점차 거기에 참여하
게 될 지구의 모든 민족으로의 확장까지 고려하면, 이는 가늠
하기 어려운 장래에 대한 전망을 열어준다. (같은 책, p. 215)

여기서 잠깐 칸트의 문장 읽기를 멈추어보자. 멈추어서, 인
류의 진보가 취미 판단의 사심 없음과 보편화하는 목적에서 단
련된 시각 덕분이라는 것을, 혁명이 세계적으로 확장되는 운동
을 미리 고려하거나 시각화할 수 있는 미학적 관점 덕분이라는
것을 강조해야겠다. 다른 곳에서와 마찬가지로 여기서도 미학
은 정치적인 것을 향해 손짓하면서 거의 동시에 이제는 우리에
게 친숙한 철학픽션식 가실을 환기한다. 실제로 칸트는 이렇게
쓴다(조금 앞으로 돌아가서 읽겠다).

이는 가늠하기 어려운 장래에 대한 전망을 열어준다. 인간이
출현하기도 전에 동물계와 식물계가 매몰되었던 자연 혁명의
첫 번째 시기 이후에, 다른 피조물andere Geschöpfe을 등장시키
기 위해 동일한 운명을 인류에게 마련한 두 번째 시기가 뒤따
르지 않는 한 말이다. (같은 책, pp. 215~216, 나의 강조)

보다시피, 그리고 다시금 확인할 수 있듯이, 혁명의 우주정
치적 차원(혁명의 "지구 내 모든 민족으로의 확장")이 취미 비판을
통해 형성된 미학적 관점에 의해 마련되고 가능해진다면, 그것

172

은 도래할 완전한 타자의 관점을 즉각 포함함으로써만 가능한 것처럼 보인다. 여기서 칸트는 혁명을 세계에 거주하지 않는 우주론적 관중의 눈으로 볼 수 있도록 하기 **위해** 현실의 지구인을 대체할 미지의 종의 도래를 고려**해야만 하는** 것처럼 보인다. 예를 들면 그가—마치 오늘날의 앨 고어를 미리 성대모사하듯—지구에 **내재하는** 외계의 위협이라고 묘사하는 기후변화(칸트는 이를 자연 혁명이라고 말한다) 이후에 말이다.[7]

따라서 이 **외계인들**은 인류를 대체할 "다른 피조물"의 형태로 다시 한번 돌아올 수 있다. 이는 인류화 **이전의** 자연사에서의 거대한 기후학적 변화에 비견되는 세계의 격변 덕분이다. 그들은, "무한한" 관점이 문제가 될 때, 모든 '**마치**'와 '**왜 없겠는가**'와 마찬가지로 칸트적 판단의 시선을 계속해서 철학픽션적으로 표시하는 '**않는 한**'을 이용하여 다시금 잘 착륙할 수 있을 것이다.

마치—그렇다, **마치**—우주론적으로, 우주정치적으로 분리할 수 없는 관점의 개방이 이 외계인이라는 가상의 존재를, 바

---

7 피터 펜베스Peter Fenves는《칸트의 말년: 지구의 또 다른 법을 향하여 Late Kant. Towards Another Law of the Earth》(Routledge, 2003)에서 칸트가 예상한 '자연 혁명'(terrestrial revolutions)과 그 원인 또는 경고 신호 (지진, 대기 중의 전기, 기후 온도 저하 등)에 대해 놀라운 분석을 내놓는다. 위 페이지의 여러 지점과 중첩되는 펜베스의 저작을 통해 우리는 미완의 생태학에 대한 칸트의 사유와 같은 것을 추출해낼 수 있다.

로 이 개방 자체를 보장하는 그들의 **허구적으로 효과적인** 시선을 필요로 하듯이.

●

　그러한 개방은 아마도 계몽주의 자체의 공간과 혼동될 것이다. 이것은 정확히 공적 선험성, 미신의 그림자를 없애는 계몽적이고 식견 있는 공공성의 공간이다(이는 유일하게 "사람들에게 계몽을 가져다줄" 수 있는 "우리 이성의 공적 사용"[8]이라고 칸트는 말한다).

　그런데 칸트의 외계인은 미신이 **아니며** 신성화되지도 않는다. 오히려 그들은 예컨대 인간 이성을 넘어서는 일종의 필연성을 구현하여, 인간 이성이 항상 그리고 장래에도 자신의 계몽을 통해 계몽으로 사유될 수 있도록 해준다. 그리고 이는 그들이 철학픽션에 반복적으로 등장하면서 정의에 대한 특정한 계몽된 개념을 형상화하는 이유이기도 하다.

　실제로 칸트는 《영구 평화론》(1795)[9]이라는 제목의 "철학 스케치"의 두 번째 부록에서 "공공성이라는 형식" 없이는 "정의

8　*Réponse à la question: Qu'est-ce que les Lumières*, Françoise Proust 옮김, *op. cit.*, p. 45. 세 번째 비판서 § 40에서 칸트는 "계몽이란 미신으로부터 해방되는 것"(*op. cit.*, pp. 245~246)이라고 쓴다.

9　Françoise Proust 옮김, *op. cit.*, pp. 125~126.[국내서는《영구 평화론: 하나의 철학적 기획》(이한구 옮김, 서광사, 2008) - 옮긴이]]

가 있을 수 없다"라고 쓴다. 왜냐하면 우리는 "공적으로 알려질 수 있는" 정의만 생각할 수 있기 때문이다. 따라서 공법의 선험적 공식은 다음과 같이 표현된다.

> 모든 행위는 … 그 규범이 공공성과 양립하지 않는 한 정의롭지 않다. … 실제로 내 고유의 의도를 좌절시키지 않고는 공개할 수 없는 규범, 성공하기 위해 절대적으로 '비밀을 유지'해야 하고, 내 고유의 계획에 대한 저항 없이는 '공개적으로 고백'할 수 없는 규범은 나에 대한 모두의 저항을 불러올 뿐이다. 왜냐하면 그것은 그 자체로 부당하고 모두에 대한 위협이 되기 때문이다. (《영구 평화론》, pp. 125~126)

그런데 이러한 관점에서 볼 때 어디서나 공정하거나 옳을 수 있는 유일한 존재는 《인간학》에서 말하는 "합리적 존재"일 것이다. 기억하다시피 이 피조물은 "큰 목소리로만" 생각할 수 있고 "생각한 것을 바로 '표현'하지 않는 것"이 불가능한 "어떤 다른 행성"에 거주하고 있을 것이다.

따라서 이 존재들은 비밀을 지킬 수 없고 모호하고 불분명한 계획은 세울 수 없다. 또한 이 존재들은 퐁트넬의 《대화》에서 후작부인이 즐겁게 상상한 대로, 이 행성에서 저 행성으로 서로를 잘 바라보고 관찰할 수 있다.

나는 우리의 망원경이 목성을 향해 있듯이 목성의 망원경이 우리 쪽을 향하는 것을 즐겁게 상상해봅니다. 이 상호적 호기심을 통해 행성들은 서로를 관찰하고 서로에게 이렇게 물어볼 거예요. "거기는 어떤 세계인가요? 거기에서는 어떤 사람들이 살고 있지요?"(《대화》, p. 134)

1924년 야코프 프로타자노프Iakov Protazanov가 연출한 소련 최초의 무성 SF 영화 〈아엘리타Aelita〉의 한 인물은 후작부인과 마찬가지로 다른 세계 보기를 꿈꾼다. 이 꿈은 처음에는 비밀이었지만 범세계적 혁명 덕분에 세상에 알려지기에 이른다.

구성주의적 세트와 의상으로 장식된 화성에서, 여왕 아엘리타는 "행성의 에너지를 수호하는" 고르가 만든 망원경을 향해 **몰래** 다가간다. 그 존재가 비밀리에 유지되어야 하는 이 장치를 통해 "다른 행성의 존재를 관찰"할 수 있다고 자막이 설명한다. 계몽의 태동기에 존재했던 지구인 선조인 퐁트넬의 후작부인과 동일한 호기심에서 아엘리타 여왕은 고르에게 "다른 세계를 보여주세요"라고 간청하며 "아무도 모를 겁니다"라고 말한다. 그리고 그녀는 마침내 원하던 것을 얻는다.

어느 날 저녁, 화성의 여왕은 몰래 지구를 본다. 그녀의 시선을 통해 지구의 거리, 대도시 중 한 곳의 교통 체증, 군함이 정박한 항구 중 한 곳을 찍은 아카이브 영상이 보인다. 그리고 마침내 우리와 같은 지구인인 로스가 모스크바의 한 다리 위에서 아내를 만나는 모습이 클로즈업된다. 아엘리타는 그들이 키스를 나누는 모습에 매료된다. 그리고 고르에게 "저기 지구에 있는 인간들처럼" 그의 입술을 자신의 입술 위에 얹어달라고 부탁한다.

화성에서 본 키스는 놀랍다. 저 멀리에 있는 여왕의 완전히 다른 눈을 통해, 그녀의 비교할 수 없는 관점을 통해 본 키스는 여기에 있는 우리에게도 놀라워 보인다. 키스가 우리에게 이런 식으로 보인 적은 한 번도 없다.

한편 로스는 지구에서 모스크바의 라디오 방송국을 관리하는 엔지니어다. 그는 내용을 해독할 수 없는 이상한 메시지를 받는다. 비밀리에 화성 여행을 계획 중인 로스는 그것이 우주에서 날아든 의사소통이라고 여긴다. 자막은 "그의 상상력이 그에게 이미지를 떠오르게 했다"라고 말한다.

그러니까 지구인은 화성에 대해 생각하고, 화성인은 지구에 대해 생각한다. 그들은 비밀리에, 그들 자신에게도 비밀인 비밀을 따라 서로를 생각한다. 그러나 동시에 그들을 차례로 드러내는 이 행성 간의 샷과 카운터샷을 통해 그들의 비밀은 더는 비밀이 아니게 된다. 그들은 자신들의 시선과 열망 사이의 대칭이 외계의 정치와 1920년대 소련 정치 사이의 보이지 않는 평행선에 의해 금세 강화되는 우주론이라는 공적 공간의 일부가 된다. 화성에서는 노동자들이 착취당하는 전체주의 정권

이 지배하고 있다. 그들은 오로지 미래의 작업을 위해 다시 동결 보존되는 시간에만 노예처럼 일하던 지하실을 떠난다. 반대로 지구의 모스크바에서는 경제적 어려움과 배급, 식량 횡령과 암시장에서의 급증하는 이윤을 강조하는 긴 시퀀스가 이어진다.

모스크바 전체가 혁명을 축하하던 어느 날, 로스는 지상의 기념일을 벗어나고 싶어 한 것처럼 마침내 화성으로 날아간다. 사실 그는 지구의 최근 역사의 반복을 마주하기 위해 거기에 갔다. 아엘리타의 도움으로 그는 지구에서 이미 벌어진 것, 즉 사회주의 혁명을 화성에서 되풀이할 것이다. "우리의 모범을 따르십시오, 동지들." 그는 태양계의 프롤레타리아들에게 소리친다. "그리고 화성의 사회주의 공화국 연합을 세우십시오!"

이렇게 조명된 행성 간 공간의 공공성을 통해, 잊히지 않을 뿐 아니라 "지구의 민족"을 넘어서까지 확장되는 혁명의 사건 덕분에, 칸트적 계몽 정신은 자신을 초월하여 영속하려는 것처럼 보인다. 마치 지구의 한계를 넘어선 이성의 해방을 통해 이성이 승리한 것처럼 보인다.

그들의 숭고한 태양
(인류가 닻을 올리다, 2탄)

하지만 그 일이 그렇게 간단하지는 않다. 다른 행성의 주민들은 단순히 계몽의 빛을 우주의 밤에 더 멀리 비추게 해줌으로써 인간과 지구의 이성을 중계하거나 대표하지는 않기 때문이다. 혹은 도리어, 그들이 존재한다면 그것은 가상의 존재로서, 철학픽션적 상상력의 산물로서이기도 하다.

따라서 외계인 문제와 관련하여 진정한 칸트식 장소는 상상과 이성 사이의 어딘가에서 찾을 수 있을 것이다. 그리고 이 두 능력 사이에 여전히 숨어 있는 칸트의 **외계인**을 찾아내기 위해 그곳을 여행해야 한다면, 그 외계인은 결국 칸트가 이성과 상상 사이의 유희로 분명하게 정의했던 숭고한 경험에 새로운 빛을 비출 것이다.

확실히 우리가 기억하듯이 《천체 이론》에서 외계인 가설이 별이 빛나는 하늘을 응시하는 고상한 기쁨에 참여했다면, 반대로 세 번째 《비판》에서 외계인들은 숭고한 경험 너머로 배제되었고, 몇몇 성급한 문장에서 추방되어 그들의 집으로 돌려보내졌다.

별이 빛나는 하늘의 광경을 '숭고'하다고 말할 때, 이러한 판단이 이성적 존재가 거주하는 세계의 '개념'에 근거하는 것은 불가능하며, 우리 위의 공간을 가득 채우고 있는 반짝이는 점들이 매우 정확한 합목적성에 의해 그 세계를 위해 설정된 원들을 따라 운행하는 그 세계의 태양이 될 것이라는 생각이 여기에 간섭하는 것 또한 불가능하다. 그러나 우리는 단지 우리가

보는 그대로의 하늘을 고려해야 한다. (〈미감적 반성적 판단의 해설에 대한 일반적 주해〉, p. 214)

그럼에도 이 외계인들은 다른 텍스트에서와 마찬가지로 언제나 눈에 띄는 부재의 형태로만 받아들여졌을 것이다. 그들은 우리가 생각하는 것보다 훨씬 더 깊은 흔적을 텍스트에 남겼을 것이다.

그들의 흔적을 해독하기 위해 우리는 칸트의 숭고 담론에서 전제하는 것으로 돌아가야 한다.

세 번째 《비판》이 나오기 거의 30년 전인 1764년, 칸트는 《미와 숭고의 감정 고찰Beobachtungen über das Gefühl Schönen und Erhabenen》[10]에서 숭고를 다루었다. 여기서 그의 관점은 상당히 특이했는데, 처음부터 다음과 같이 진술했기 때문이다. "나는 철학자의 눈보다는 관찰자의 눈으로 더 많이 볼 것이다." 이러한 구별은 차분하게 검토할 필요가 있다. 왜냐하면 그것은 외계인에 대한 칸트의 태도와, 그리고 특정한 우주론적 또는 범세계적 관점을 구성하는 데 외계인에게 부여한 **세계의 비거주**

---

10 Monique David-Ménard 옮김, Garnier-Flammarion, 1990, p. 80. [국내서는 《아름다움과 숭고함의 감정에 관한 고찰》(이재준 옮김, 책세상, 2019) - 옮긴이]

자라는 철학픽션의 역할과 그렇게 다르지 않기 때문이다. 그렇지만 우리는 칸트가 미와 숭고를 구별하기 위해 제시한 사례로 곧장 가보자. 그 사례들은 《천체 이론》의 끝부분과 공명하며 세 번째 《비판》의 여러 구절을 예고한다.

> 밤은 숭고하고, 낮은 아름답다. 반짝이는 별빛이 밤하늘의 갈색 그림자를 뚫고 나올 때, 쓸쓸한 달이 지평선에 매달려 있을 때, 숭고의 감정을 지닌 영혼은 여름 저녁의 고요를 통해 … 점차 고귀한 영원의 감각으로 이끌린다. … 장구한 것은 숭고하다. 과거에서 왔다면 그것은 고상하다. 그것을 헤아릴 수 없이 먼 미래를 통해 생각하면 어떤 두려움이 생길 것이다. … 할러〔알브레히트 폰 할러Albrecht von Haller(1708~1777), 칸트가 《천체 이론》에서 인용한 일종의 다원주의자 선언인 《영원에 대한 미완의 시Poème in-achevé sur l'éternité》를 썼다〕가 이야기하는 도래할 영원은 감미로운 공포를 불러일으키고, 지나간 영원은 경직된 감탄을 불러일으킨다. (《미와 숭고의 감정 고찰》, pp. 82~85)

따라서 칸트가 "매력적"이라고 말하는 미에 반해 "감동적"이라고 말하는 숭고는 세계의 다원성에 대한 철학픽션을 비롯하여 행성, 별, 은하 그리고 그것들의 영원성에 대한 우주론적 관조를 동반하도록 예정된 듯한 감정이다. 칸트가 몇 해 뒤에 《인간학》에서 반복하듯이, "'숭고'는 경외심을 불러일으키는

'위대함'"으로서 유혹과 두려움이 혼합되어 있기 때문이다. 숭고가 미의 "반대"가 아니라면, 숭고는 미를 보완하는 "평형추"다. 숭고는 취미에 전혀 속하지 않을 뿐 아니라 공포나 혐오와 친숙하다(pp. 204~205). 미와 숭고의 이러한 관계는 1764년에 《고찰》이 나오고 30년이 지난 뒤 세 번째 《비판》에서 좀 더 보편적인 용어와 좀 더 형식적인 논증을 통해 명확해진다.

숭고는 그가 이전에 〈미의 분석〉에서 도출해냈던 본질적 특성을 공유한다고 칸트는 쓴다.

> 미와 숭고는 그 자체로 즐겁다는 점에서 공통된다. 나아가 미와 숭고는 감각적 판단도, 논리적-규정적 판단도 전제하지 않는다. … 결과적으로 만족은 기분 좋은 것이 불러일으키는 것과 같은 감정에도, 선이 불러일으키는 만족의 경우와 같은 한정된 개념에도 의존하지 않는다. (《판단력 비판》, § 23, p. 181)

마찬가지로 "미에 대한 판단과 숭고에 대한 판단이 '단칭적'"이라면, 그것들이 주관적이라면, 둘 다 본질적으로 그 자체로 그것들의 구조인 보편화의 움직임에 의해 지탱된다. 그것들은 "각각의 주어에 대해in Ansehung jedes Subjekts 보편적으로 타당하다고 선언한다. 그것들이 대상에 대한 어떠한 인식도 주장하지 않고 순전한 기쁨의 느낌을 주장할지라도 말이다." (pp. 181~182)

이러한 보편적이고 공통적인 특성을 환기한 뒤에, 〈숭고의 분석〉은 재빨리 숭고와 미의 차이점을 강조한다. 따라서 칸트에게 미는 대상의 **형태**와 관련이 있는 반면, 숭고는 **형태가 없는** 대상을 마주해서도 똑같이, 어쩌면 훨씬 더 잘 나타날 수 있다. 그리고 미가 불러일으키는 만족은 **질**의 표현과 관련이 있는 반면, 숭고가 불러일으키는 만족은, 곧 보게 되겠지만 **양**을 내포한다. 그러나 무엇보다도,

이 두 가지 만족 사이에는 마찬가지로 특정한 차이가 존재한다. 첫 번째(미)가 삶의 고양감을 직접적으로 동반하고 따라서 매력이나 상상력과 양립할 수 있는 반면, 두 번째(숭고의 감정)는 간접적인 방식으로만 나타나는 기쁨이다. 즉 이 기쁨은 생명력이 갑자기 중단되고 그 생명력보다 훨씬 강력하게 분출되는 느낌에 의해 생성된다. 감정으로서의 숭고는 상상력의 유희가 아니라 상상력의 진지한 활동인 듯하다. 이는 또한 그것이 매력과 상충하는 이유이기도 하다. 그리고 정신은 언제나 대상에 이끌리고 떠밀리므로 숭고에서 얻는 만족은 긍정적 기쁨보다는 경탄이나 존경을 내포한다. 따라서 숭고가 일으키는 만족은 부정적 기쁨으로 규정하는 편이 더 낫다. (같은 책, p. 182)

그러니까 우리는 숭고를 가지고는 유희하지 않는다. 혹은 숭

고로 유희를 한다면 그것은 일방적 즐거움을 만들어내는 것과는 거리가 먼, 진지하고 심각한 것이리라. 이는 《인간학》에서 주장하듯이, 숭고가 결코 취미의 영역에 속하지 않는 이유다. 그리고 《판단력 비판》에서 숭고 이론은 "미학적 판단에 대한 단순한 부록"으로 간주된다(p. 184).

단순한 부록blossen Anhang 이라고? 그럼에도 이 명백히 이차적인 보충 자료에서야말로 보편적인 미학적 판단에서의 관점이라는 문제에 대한 진정한 쟁점에 접근할 수 있다. 왜냐하면 미의 경험과 달리 숭고의 경험에서는 판단하는 주체의 관점을 보편화할 가능성이 관건이 아니기 때문이다. 단일한 관점에서 각각의 모든 사람jedermann 의 관점으로의 이행은 더는 문제가 아니다. 오히려 이러한 보편화의 조건, 그것을 가능하게 하거나 불가능하게 할 수 있는 조건, 그것에 기회를 줄 수 있거나 근본적으로 위협할 수 있는 조건이 문제다. 실제로 보편성으로의 이행은 우선은 특정한 관점 또는 개별적 관점이 불안정해지거나 흐트러진다고 가정한다. 그리고 실제로 숭고에서 그것은 안정화이거나 떨리기 시작하는 관점의 유지다. 이런 의미에서, 그리고 우리가 칸트를 읽고자 할 때, 숭고에서 생성되는 관점을 고정하는 닻의 상실, 그것의 불안정화는 물론 보편화의 모든 관점에 선행함으로써 그것의 취약한(즉 불가능한) 가능성을 예고한다.

요컨대 숭고는 아마도 시선 그 자체에서, **관점**Standpunk 이 성립하는 지점에서 출항을 준비하는 순간, 대지와 지구의 닻을 올리는 순간일 것이다. 이는 우리가 이미 읽었듯이 슈미트가 우리로 하여금 그토록 **붙잡게 하려고** 했던 것이다.[11] 달리 말하면 숭고는 그것의 동요를 통해 미의 경험에서 범세계적 확장의 가능성을 **준비**하는 도약의 순간일 것이다.

그런데 도대체 숭고란 무엇인가?

칸트는 최소한의 정의만 제시한다(그것이 단지 특정한 최대치와 관련 있다는 점에서 이렇게 말할 수 있다면). "우리는 '단적으로 큰 것'을 '숭고'라고 부른다"(§ 25, p. 186). 같은 단락의 다른 부분에서는 또 이렇게 말한다. "마찬가지로 이전의 정의를 다음과 같이 공식화할 수 있다. '숭고는 그것과 비교했을 때 다른 모든 것이 작게 느껴지는 것이다'"(p. 189).

그런데 이 비교는 가시적 판단에 따르지 않고 감각적 경험을 넘어선다. 실제로 이 비교는 칸트가 설명하듯이 서로의 관계에서 모든 관점을 뒤흔드는 차원의 유희에 관여한다.

---

11 *Land und Meer*, op. cit., p. 7 참조. "인간은 땅의 존재(Landwesen), 땅을 밟고 있는 존재(Landtreter)다. 그는 단단한 땅 위에 서서 걷고 움직인다. 땅은 그가 서 있는 곳이자 그의 토대(sein Standpunkt und sein Boden)다. 그리고 땅은 그가 자신의 관점(Blickpunkt)을 얻는 곳이며, 그가 받는 인상과 그가 세상을 보는 방식을 규정한다."

우리가 아무리 크다고 판단할지라도 다른 관계에서 고찰했을 때in einem andern Verhältnisse betrachtet 무한히 작은 것으로 낮춰질 수 없는 것이 자연에는 전혀 존재하지 않는다는 것을 쉽게 확인할 수 있다. 반대로 우리의 상상력이 더 작은 기준으로 가늠했을 때 세계의 크기로bis zu einer Weltgrösse 확대될 수 없을 만큼 작은 것은 없을 것이다. 전자를 관찰하기 위해 망원경이, 후자를 관찰하기 위해 현미경이 우리에게 풍부한 재료를 제공했다. 따라서 이러한 관점에서 고찰하면auf diesen Fuss berachtet 감각의 대상이 될 수 있는 그 어떤 것도 숭고로 규정될 수 없다 nichts also, was Gegenstand der Sinnen sein kann, ist … erhaben zu nennen. (《판단력 비판》, p. 189)

칸트는 세계와 세계의 크기Weltgrösse는 무한히 상대적이라고 말하는 것 같다. 망원경 덕분에 다른 세계를 항상 더 작게 판단하는 더 큰 세계가 있다. 현미경으로 보이는 미세한 것은 언제나 우주의 크기로 팽창할 수 있다. 그러나 숭고의 경험은 차원의 이러한 흔들림의 경험 자체인 동시에, 복수의 세계를 비교하는 이 상대주의를 첨예화하려는 것처럼 다른 질서를 향해 신호를 보내기도 한다. 숭고의 경험은 측정할 수 없는 것이 있는 곳에서, 즉 모든 관점Standpunkt의 안정성이 흔들리는 곳에서 시작된다. 독일어가 문자 그대로[auf diesen Fuss berachtet] 말하듯이, 이곳은 더는 발Fuss이 없는 곳, 보기 위해 어느 정도

붙잡아야 하는 땅이나 기반이 부족한 곳이다. 더는 관점이 없을 때, 더는 관점이 닻을 내릴 곳이 없을 때, 숭고는 지평 위로 솟아오른다. 숭고의 지평에 지평이 없다면, 관점의 입지는 근원적으로 흔들리고 여기서 **발판을 잃는** 것은 보는 행위 그 자체다.

어쨌든 숭고는 구성적 불안정성을 생성함으로써 **관점의 상실**에서 관점을 생각한다. 어떤 점에서 숭고는 관점의 개방이라는 불가능한 관점을 드러낸다. 숭고는 관점, 슈탄트풍크트 Standpunkt, 즉 보고, 평가하고, 가늠하고, 판단하기 위해 붙들어야 하는 지점이 없는 곳에서 시작된다. 요컨대 보기 위해 어느 정도 **발을 디뎌야**auf diesen Fuss zu betrachten 하는 기반의 불가능성이다.

그런데 이 불가능성은 도대체 무엇인가? 그리고 그것은 무엇을 의미하는가? 이 불가능성은 우리 인간에게, 우리 지구인에게 어떤 신호인가?

칸트에 따르면 이 불가능성은 정확히 우리 인류에게 보내는 신호로 보인다. 이는 요컨대 우리가 또다시 읽어야 하는 〈숭고의 분석〉이 지향하는 바다.

실제로 숭고는 본질적으로 무한의, 지평이 없는 지평에 연결되어 있다.

따라서 자연은 직관이 자연의 무한에 대한 관념을 수반하는 자연 현상 속에서 숭고하다. 이는 우리의 상상력이 대상의 크기를 가늠하려고 아무리 노력해도 그 자체로는 충분하지 않은 것으로 드러나는 경우에만 발생할 수 있다. (《판단력 비판》, p. 195)

달리 말하면 "무한은 (단지 비교적으로가 아니라) 절대적으로 크다"(같은 쪽). 그런데 주지하듯이 무한의 절대적 크기는 "감각의 모든 척도를 넘어서는 마음의 능력", 초감각적 능력, 즉 이성을 내포한다. 따라서 숭고는 최종 분석에서 상상력과 이성의 유희[12]로서 전자가 후자의 요구에 직면하여 끊임없이 패배하는 것으로 드러난다. 관념 지체를 표현할 수 있는 데까지 더 멀리 나아가도록 쉼 없이 박차를 가하는 이성에 직면하여, 상상력은 할 수 있는 모든 것을 한다. 그러나 상상력은 거기에 도달하지 못하고 숭고가 만드는 정신의 고양에 자리를 내주며 기권한다.

정신은 상상력에 … 그리고 단지 이 상상력을 확장하는 데 그치는 이성에 자신을 내맡길 때 고양된 느낌이 든다. … 정신은 상

---

12 미는 상상력과 지성 사이의 유희인 반면, "취미 판단에서 표상 방식의 주관적·보편적 전달 능력은 상상과 지성의 자유로운 유희를 통해 경험된 마음의 상태일 수밖에 없다"(§ 9, p. 148). "미를 판단할 때 미적 판단력은 상상의 자유로운 유희를 통해 그것을 '지성'과 연관시킴으로써 지성의 일반적인 '개념'과 (그 개념의 규정 없이) 일치시킨다"(§ 26, p. 196).

상력의 모든 힘이 그럼에도 불구하고 이성의 관념에 부적합하다는 것을 확인한다. (같은 책, p. 197)

그런데 숭고의 감각을 낳는 이러한 상상력의 실패를 설명하기 위해 칸트가 제시한 특정한 예시는, 바로 세계의 복수성에 대한 우주론적 비전을 직접적으로 함축하는 측정 불가능성에 대한 것이다.

사람의 키로 측정된 나무는 적어도 산을 측정하기 위한 기준을 제공하며, 이 산의 높이가 대략 1마일이라면, 지구의 지름을 측정하기 위해 그것에 해당하는 숫자의 단위로 사용될 수 있다. 지구의 지름은 우리가 알고 있는 행성계의 단위로, 또 행성계는 은하계의 단위로 사용될 수 있다. 성운이라고 불리는, 의심할 여지 없이 유사한 체계를 형성하고 있는 무수한 은하계는 여기서 최소한의 한계를 기대하는 것도 허용하지 않는다. 이토록 헤아릴 수 없는 전체를 미학적으로 판단할 때, 숭고는 크기가 아니라 우리가 진보할수록 항상 더 큰 단위에 도달한다는 사실에 있다. 이는 보편적인 [우주의] 구조에 대한 체계적인 구분에 기여한다. 이러한 구분은 … 우리의 상상력을 흐릿하게 하는 한계의 완벽한 부재를 나타내는 동시에, 상상력이 이러한 관념에 적합한 모습을 제공해야 할 때 이성의 관념 앞에서 희미해지는 자연을 나타내기 때문이다. (같은 책, pp. 197~198)

산에서 은하수와 그 너머까지 나아가면서 우주의 차원으로 확장하기 위해 인간과 지상의 척도를 가늠하면서, 상상력은 견디지 못하고 비틀거리며 순수한 이성에게 자리를 내준다. 상상력의 실패는 부정적 기쁨, 간접적이거나 이차적인 만족, 즉 숭고를 불러일으킨다.

따라서 숭고의 감각은 크기에 대한 미학적 평가에서 상상력이 이성적 평가에 비추어 부적합할 때 발생하는 불쾌감이다. 그러나 동시에 숭고의 감각은 정신의 가장 고상한 능력의 부적절함에 대한 이러한 판단과 이성의 관념 간의 일치에 의해 야기되는 기쁨을 불러일으킨다. 이성의 관념에 도달하기 위한 노력이 우리에게 법칙인 한에서 말이다. 이는 실제로 우리에게 (이성의) 법칙이며, 자연이 우리를 위해 감각의 대상으로 포함하는 모든 위대한 것을 이성의 관념과 비교하여 작게 평가하는 우리의 운명에 적합한 방식이다. ⋯ 따라서 이성에 의한 크기의 측정과 관련하여 모든 감각적인 기준의 부적합함에 대한 내적 인식은 이성의 법칙과 일치하며, 우리의 초감각적 운명에 대한 감각을 초래하는 불쾌감을 유발한다. 이를 통해 감각에 대한 모든 기준이 이성의 관념과 비교했을 때 부적합하다는 것을 발견하는 것은 합목적성에 부합하며, 따라서 기쁨을 불러일으킨다. ⋯ 판단 자체는 정신의 능력(상상력과 이성)에 대한 주관적 유희를, 심지어 그것들의 대조를 통해 조화로운 것으로 표상하는 데 그

친다. (같은 책, § 27, pp. 198~199)

상상력의 결점이 **우리**, 즉 **우리 인간**을 위한 것인 한에서 숭고
는 사실상 상상할 수 없는 시련이다. 그리고 이는 우리가 숭고
를 통해 우리의 구성적 실패에 대한 기쁨―확실히 역설적인
기쁨―을 얻는 이유다.

따라서 숭고의 경험에는 암묵적으로 비교가 존재한다(완전한
타자들은 그들의 이성과 동일한 정도의 상상력을 부여받을 수 있을 것이
다). 그러나 이처럼 우리에게 드러난 우리의 결핍은 비교에 대
한 모든 용어의 재현 불가능성을 통해서만 검증될 수 있다. 이
런 의미에서 숭고는 우리가 여러 번 읽은 《인간학》의 진술을
미학적 판단의 관점에서 미리 번역한 것이다. 인류의 특성을
규정하는 문제에 대한 해결책(여기서는 준용(準用, mutatis muta-
ndis , 우리 인간의 조건에 대한 감각)은 "경험을 통한 두 종의 합리
적 비교(이때 이 경험은 우리에게 그러한 가능성을 제공하지는
않는다)"를 내포한다.

숭고 또한 완전한 타자라는 불가능한 가능성에 **집착**한다.

이는 숭고의 첫 번째 형태로서 칸트가 "수학적"(p. 186) 숭고
라고 명명한 것이다. 이는 두 번째 형태이자 무한의 관념보다
"힘"과 관련된 "역동적" 숭고와 대조된다(p. 202).

위협적인 바위의 대담한 돌출, 하늘에 몰려와 천둥·번개를 뚫고 나아가는 비구름, 폭력적인 파괴력을 지닌 화산, 황폐하게 만드는 태풍, 폭풍으로 들썩이는 끝없는 대양, 힘차게 흐르는 강의 엄청난 낙하 등은 그에 대항하는 우리의 힘을 그것들의 힘에 비하면 하찮은 작은 것으로 만들어버린다. 그러나 그러한 광경은 우리가 안전하다고 느끼는 조건에서는 끔찍할수록 더욱 매력적이다. 그리고 우리가 이러한 현상을 숭고라고 부르는 것은 기꺼운 일이다. 왜냐하면 그것들은 영혼의 힘을 평소 수준 이상으로 일깨우고 자연의 명백한 전능함에 맞서 우리 자신을 평가할 용기를 불어넣는 아주 다른 종류의 대항력을 우리 안에서 발견하게 하기 때문이다. (《판단력 비판》, pp. 202~203)

그런데 숭고의 이 두 번째 형태에서, 관점Standpunkt을 형성하는 땅이나 기반의 떨림은 그 어느 때보다도 폭력적이다. 왜냐하면 그것은, 우리의 상상 속에서만이라도 우리가 느끼는 모호한 만족과 섞이도록 선포하는 우리의 존재를 파괴하기 때문이다. 그러나 이는 어떤 식으로든 우리의 인간성Menschheit을, 마침내 **우리 자신**을 대상으로 하는 판단을 이용해 우리를 근본적으로 능가하는 것에 의해 압도된 인간으로서 드러내기 위한 것이다. 칸트가 다음과 같이 쓰고 있듯이,

자연의 힘의 불가항력성은 한편으로는 자연적 존재인 우리로

하여금 육체적 무력함을 인식하게 하지만, 다른 한편으로 그것은 동시에 **우리를** 이 불가항력에 대항하는 독립적인 존재로 판단하게 하는 능력을 비롯하여 자연에 대한 우월성을 일깨워준다. 이 우월성은 외부의 자연에 의한 공격과 위협이 제공하는 것과는 완전히 다른 성질의 자기보존의 토대다. 따라서 인간이 자연의 이러한 힘에 굴복해야 했음에도 **우리 개인 안의 인간성**die Menschheit in unserer Person은 패배하지 않는다. (같은 책, p. 204, 나의 강조)

"정신이 자연보다도 우월한 자기 목적의 진정으로 숭고한 특성을 의식할 수 있는 곳"(같은 쪽)인 이성과 상상력의 유희에서 미학적 판단은 **우리 자신에 대한** 판단으로 바뀌어 우리가 인류임을 가리키고 인류를 우리의 실패로부터 구출해낸다. 이 인류는 《인간학》에서 우리가 보았듯이 다른 행성의 합리적 존재와의 (불가능한) 비교 없이는 인종으로 파악될 수 없으며, 따라서 이 인류는 **결정된** 비교에 대한 언급 없이 검증된다. 인류는 **유일한 용어와의 비교**를 통해 자신이 필요로 하는 관점의 취약성에 기초하여 경험되고 심지어 통합되기까지 한다.

　요컨대 미의 관건이 개인적 관점을 인류라는 보편적 관점으로 확장하는 것이라면, 숭고는 인간으로서의 인간의 조건, 다시 말해 완전한 타자라는 도달할 수 없는 관점을 통해서만 우주정치적 또는 우주론적 관점에 따라 자신을 이해할 수 있는 존재로서의 인간의 조건을 드러낼 것이다.

SF의 시작:
그들은 이미 여기에 있다

따라서 외계인은 우리 사이에 있다. 그
들은 여기에 있지만 찾을 수 없으며, 우리는 그들에 대해 아무
것도 모른다.

그들은 여기에 있으며 항상 여기에 있었다. 그들은 우리의
감각이 판단에 제공하는 것과 같은 텍스처를 짜기 때문이다.
그들이 도래할 가능성을 묻기도 전에, 그들을 밀리 우주의 반
대편에서 온 잠재적 침입자로 상상하기도 전에, 그들은 감각의
짜임 한가운데에 '이미 있다'.

그러나 그들은 존재하는 방식으로 이곳에 있지 않다. 단순히
존재하는 것도 부재하는 것도 아니며, 그들의 존재함은 **저 바깥**,
여기 아래의 존재[13]라고 할 수 있다.

이는 또한 SF가 언제나 이미 시작된 이유이기도 하다.

SF의 시작Incipit fantascientia.

---

13 〈저편에 존재하기: 현상학과 방위Être-là-bas. Phénoménologie et ori-
   entation〉는 베르나르 스티글레르Bernard Stiegler가 지구, 행성 및 우주
   에 관한 후설의 성찰에 헌정한 훌륭한 논문이다(*Alter*, no. 4, 1996, pp.
   263~277). 우리는 이 글을 다시 다룰 것이다.

우리는 특히 여러 가지 측면에서 칸트가 시나리오를 썼다고
해도 좋을 만한 어떤 미래주의 코미디 영화에서 오래전부터 우
리의 그림자처럼 우리와 동행해온 그들을 보거나 엿볼 수 있
다. 1997년에 배리 소넨펠드Barry Sonnenfeld가 연출한 〈맨 인
블랙〉에서 검은 양복 차림의 이상한 두 남자가 **우주정치**에 속
한 질서를 유지하는 임무를 맡는다. 케이(토미 리 존스)는 이 임
무를 제이(윌 스미스)에게 이렇게 설명한다.

1950년대 중반, 〔미국〕 정부는 지구에 속하지 않는 종과 접촉
하기 위한 단순하지만 우스운 목적으로 부족하나마 자금을 들
여 작은 조직을 설립했네. 모두가 이 조직이 농담이라고 생각
했지. 외계인만 제외하고. 그들은 은하계 난민들인데, 1961년
3월 2일에 뉴욕 근방에서 연락을 했어. … 그들은 행성이 없는
생명체들을 위한 비정치적 영역으로 지구를 이용하고 싶어 했
지. 우리는 이에 합의했고 그들이 착륙한 흔적을 모두 지웠어.
많은 비-인간들이 매년 지구에 도착하고 우리들 사이에서 몰
래 살아가고 있어…. 그들 중 대부분은 꽤 괜찮게 살아. 그들이
원하는 것은 생계를 꾸리는 거야…. 대다수 사람들은 그들에
대한 단서를 갖고 있지 않아. 사람들이 그것을 원하지 않고, 그
럴 필요도 없지. 그들은 행복하거든.

제이는 이 의심스러운 조직의 일원이 되는 데 동의해야 할지 말지 고민한다. 조직에 속하려면 이름, 정체성, 즉 인간으로서 지닌 모든 것을 포기해야 한다. 제이는 확신하지 못한다. 그는 외계인의 존재가 비밀로 유지된다는 사실에 놀란다. 제이는 케이에게 "사람들", 즉 지구인은 이러한 지식을 "잘 처리할" 수 있고 그것을 감당할 만큼 충분히 책임감 있고 "영리하다"라고 말한다. 케이는 다음과 같이 대답한다.

한 개인은 똑똑할 수 있지만 사람들은 멍청하고 위험하고 쉽게 당황하는 동물이야. 자네도 알고 있겠지? 1500년 전에 사람들은 지구가 우주의 중심이라고 생각했어. 500년 전에 사람들은 지구가 평평하다고 생각했고. 15분 전에 자네는 이 지구에 인간들만 있다고 생각했네. 자네가 내일 무엇을 알게 될지 상상해보게.

지구에서 살아가는 외계인의 존재가 비밀로 유지되어야 할 필요성, 즉 검은 정장을 입은 사람들이 임시 경찰 조직을 통해 외계인의 존재를 통제해야 할 필요성은 문자 그대로 우주정치적 문제와 관련이 있다. 칸트가 이 용어를 사용한 일반적 의미, 즉 우리 자신인 지구의 시민들과 관련된 바를 가리키는 의미에서만이 아니다. 칸트가 도처에서 우주의 인구를, 거주민이 있는 다수의 세계를 가리킬 때 전제하는 의미에서도 그러하다.

마치 지구의 정치적 질문들, 즉 국가 사이의 갈등과 평화의 관점이 개별적인 개인이 아니라, 케이의 말에 따르면 멍청하고 쉽게 당황하는 동물인 이 사회의 인간들에게 분배되는 것처럼, 지구에서 살아가는 우리가 다루는 이 질문들이 우주적 차원으로 확장된 정치적 지평에서 은하계 난민과 은하계 전략과 씨름하면서 사유될 수 있도록 공식화되어야 하는 것처럼 말이다.

보편성이 너무 방대하면서도 꼭 필요한 이 지평 앞에서 지구의 관점이 상실되는 것을 겪고 혼란스러워진 제이는 계약 조건이 무엇인지 묻는다. 행성 간 이민자들의 이동을 규제하고 감시하는 범우주적 경찰의 일원이 되려면 그는 무엇을 해야 하고, 무엇을 희생해야 하는가?

케이의 대답은 다음과 같았다.

조건은 인간과의 모든 접촉을 끊는 것이네. 아무도 자네가 어디에 있는지 알 수 없게 될 걸세, 절대로.

실제로, 이 장소 없는 법의 권위를 체현하는 목소리가 말하듯이, 제이는 자신을 특징짓는 모든 흔적을 포기해야 한다. 그의 이름은 이니셜(제이)로 축소되고, 검은 옷만 입어야 하고, 자신에게 부여된 정체성을 따르며, 먹으라는 것만 먹고, 지시된 곳에서 살아야 한다. 제이가 범우주적 익명성으로 진입하는 것은 지문 및 다른 모든 기록을 삭제하는 것을 보여주는 디지

털 스크린을 배경으로 계속된다.

이제부터 당신은 정체성을 식별할 수 있는 어떠한 표지도 없습니다. … 당신이 가진 모든 이미지는 당신이 마주친 그 누구에게도 어떤 기억도 남기지 않도록 만들어졌습니다. 당신은 소문일 뿐입니다. … 당신은 존재하지 않습니다. 당신은 태어나지도 않았습니다. 당신의 이름은 익명입니다. 당신의 모국어는 침묵입니다. 당신은 이제 시스템의 일부가 아닙니다. 당신은 시스템에 앞서고, 시스템을 넘어서고, 시스템 너머에 있습니다. 우리는 "그들"입니다we're "them", we're "they". 우리는 검은 옷을 입은 사람입니다.

입회식 형식의 이 시퀀스는 영화의 제목을 암시하며 끝나는데, 이 장면은 칸트의 《인간학》에서처럼, 제이를 종種으로서 인류 자체로 특징짓는 것이 불가능한 존재로 만든다. 제이는 자신을 지구인으로 규정할 수 있는 흔적을 완전히 상실한 지구인, 소속도 없고 정의될 수도 없는 종의 대표가 된다. 이는 정말로 보편적인 관점을 얻기 위해 "시스템"을 넘어, 행성에 고정된 속지주의를 넘어, 지구의 땅과 기반을 넘어 나아가기 위한 조건으로 보인다. 검은 옷을 입은 경찰의 우주적 범세계주의는 절대적 비규정성을 대가로 치러야만 가능하다.

그러나 다른 존재가 될 위험성도 있다. 검은 양복을 입은 남자들, 이 지구인들은 무엇 때문에 지구와의 관계를 완전히 끊으려 하는가? 그들은 스스로를 다른 존재로, **그들**they, them로 정의한다(혹은 비정의한다). 그들은 자신들의 부재라는 바로 그 움직임을 통해 스스로를 "타자"로, 완전한 타자로 드러낸다. 사실 그들은 이미 **외계인**이며, 그들이 담당해야 하는 외계인보다 훨씬 더 외계인이다. 은하계 난민은 인간의 형상을 취하며 이보다 더 인간적일 수 없다. 지구에서 그들을 보호할 권리와 "보편적 우호"[14]를 규정하는 범우주적 조직이 완전한 비규정성을 향한 돌연변이가 되어가는 지구인으로 구성되어 있기 때문이다.

이처럼 제이와 케이를 비롯한 검은 옷을 입은 사람들은 비규정성을 통해서만 임무를 수행할 수 있고, 임무 중에 자주 외계인들이 원래 모습으로 나타나게 한다. 실제로 그들은 외계인들이 다른 데서 가져온 인간 외양을 정기적으로 벗게 한다. **외계인**은 인간의 외양을 옷처럼 입고 벗을 수 있어서 보통 사람들의 눈에는 보이지 않기 때문이다.

따라서 검은 옷을 입은 사람들은 은하계 난민들의 숨겨진 진

---

14 칸트가 《영구 평화론》이라는 제목을 붙인 "철학 스케치" 제2절에서 쓴 표현이다. "영구 평화를 위한 세 번째 확정 조항: '세계시민법은 보편적 우호의 조건으로 제한되어야 한다'"(*op. cit.*, p. 93 *sq*).

짜 특성을 드러낸다. 그들이 꾸며낸 인간의 외양 아래 감추고 있는 진짜 본성은 무엇인가? 그들을 우리와 비슷하게 만드는 장식을 강제로 제거했을 때 드러나는 이 우주 주민들의 우주적 본질은 무엇인가? 마찬가지로 감각의 **치장을 벗겨내면** 무엇이 있으며, 무엇이 남는가? 아주 얇은 껍질 말고는 아무것도 없다. 검은 옷을 입은 사람들이 외계인을 붙잡아 살의 두께를 투과하는 엑스레이를 찍어 발가벗을 때 **외계인**에게 남는 것은 말이다.

우주 경찰이 외계인에게 가면을 벗도록 강요할 때면 때때로 외계 생명체들을 통제하지 못하는 일이 발생하기도 한다. 그럴 때 검은 옷을 입은 사람들은 무기, 즉 이미지를 찢는 광선을 방출하는 총을 **쏴야** 한다. 그들은 영어로 "To shoot"이라고 말한다. 그러나 "a shot"은 단순한 발포가 아니다. 사진이나 영화 용어로 **스냅샷**, 즉 시각적 포착 또는 붙잡음이기도 하다. 이는 눈의 **노모스**, 슈미트의 '취득'을 떠올리며, 시각적 **취득**Nahme이라고 할 수 있을 것이다. 그리고 제이나 케이가 발사한 빛나는 섬광을 통해 취하거나 붙잡는 것은 무엇인가? 경찰의 총포에 이미 가면을 벗고 인간으로 치장한 모습[그들의 의인화된 우주 혹은 세계mundus]¹⁵을 그들의 진짜 외양으로 바꾼 외계인들은 **결국**

---

15 'cosmos'라는 단어가 지닌 이중의 의미(장식이자 세계)를 비롯, 여기에 상응하는 라틴어 단어 'mundus'에 대해서는 다음을 참조하라. Jaan Puhvel, "The Originis of Greek Kosmos and Latin Mundus", *The American Journal of Philology*, vol. 97 no. 2, 1976.

사물이나 다른 존재에 가볍게 들러붙는 일종의 투명한 접착제로, 반투명한(거의 색깔이 없는) 얇은 막으로 변한다. 겹겹이 이루어진 현상 너머에는 그들이 남긴 **얇은 막**이 있다. 결국 층층의 막들을 벗긴 끝에는 녹은 것처럼 보이는, **외양 자체인 얇은 막** film이 드러난다.

만약 어떤 사람이 검은 옷을 입은 사람들의 비밀 작전을 우연히 목격한다면, 기억에 새겨졌을지 모를 민감한 흔적을 곧바로 지워야 한다. 인류의 일원으로서 우리는 **외계인**의 존재를 절대로 알아서는 안 되고, 우리가 본 것을 기억해서도 안 된다. 그래서 요원들은 **뉴럴라이저**neurolyzer를 사용한다. 이 작은 기구는 붉은빛을 내며 외계인이 남긴 기억의 흔적을 제거한다. 감각적인 것을 청소하기 위해.

감각적인 것, 특히 민감한 이 감각적인 것은 새겨져서는 안 된다. 그것은 우리 같은 평범한 사람들의 집단적 기억의 보관소에 기록되어서는 안 된다. 따라서 검은 옷을 입은 사람들은 인식을 분리해야 하는 책임에 따라 보이는 것을 통제하고 분배한다. 그들이 맡는 일은 자크 랑시에르가 **감각적인 것의 분배**라고 부르는 것으로, "본 것과 그것에 대해 말할 수 있는 것"을 규제하고 "누가 볼 수 있는 능력과 말할 수 있는 자격을 지녔는지"[16]를 정의하는 정치적 쟁점이다.

---

16 Jacques Rancière, *Le Partage du sensible. Esthétique et politique*, La

그러나 우주 이주민을 감시하는 임무를 맡은 제이와 케이를 비롯한 다른 경찰들의 정치는 무엇보다도 우주정치다. **우주 난민들**과 대면했을 때 그것은 우주 공간의 취득 및 분배를 바탕으로 작동하며, 슈미트를 따라 우주의 **노모스**라 부르는 것과 분리할 수 없다. 이 우주의 노모스는 볼 수 있도록 주어진 것의 장악과 재분배를 통해 즉각 거부되고, 가시적인 우주질서로 즉각 번역된다.[17] 그러니까 검은 옷을 입은 사람들이 우리로 하여금 생각하게 하는 것은 진정한 **감각적인 것의 우주론**으로, 랑시에르가 단순히 감각적인 것의 인류 및 지구 중심적 분배로 묘사했던 것을 앞서거나 넘어선다.

이 우주정치적 분배는 영화에서 제이와 케이가 선글라스를 쓰고 지구의 동포들에게서 **지구인의 기억을 지우려** 할 때 스크린에 드러난다. 물론 그들이 그렇게 하는 것은 자신들을 보호하기 위해서다. 즉 자신들의 시선과 다른 사람들의 시선 사이에 반사면을 놓아 그들이 가하려는 기억 상실로부터 자신들을 보호하기 위해서다. 그러나 그들의 눈앞에 놓인 이 스크린은 사

---

fabrique, 2000, p. 14. 2002년에 배리 소넨펠드가 감독한 〈맨 인 블랙 2〉에서는 자유의 여신상이 거대한 뉴럴라이저로 뉴욕 시민 전체의 기억을 삭제한다.

17 랑시에르가 《불화》(Rancière, "Le tort: politique et police", *La Mésentente. Politique et philosophie*, Galilée, 1995, p. 51)에서 제시한 구별을 참조하라. [국내서는 《불화》(진태원 옮김, 길, 2015) - 옮긴이]

실 우리 관객들로 하여금 인간이 보지 말아야 하는 것을 그들과 더불어 보게 해주는 것과 동일하다. 이 스크린은 시선을 그 자체에서 벌어지게 하고 분할하는 틈새다. 그렇다, 그것은 시선을 분배한다. 그러나 **여기 아래**의 가시적인 부분의 분배는 인류에 대한 비정의(즉 인류의 탈지구화, 탈고정화)에서 시작된다. 또한 인류와 이미 지구에 존재하는 완전한 타자(칸트가 말했듯이 타자성이 역으로 "모든 감각의 기준"을 결정하는 이 지구인화한 외계인과 함께)와의 재현 불가능한 비교에서 시작된다.

검은 옷을 입은 사람들을 통해 우리에게 일어나는 일은 매우 독특하면서도 동시에 지극히 평범하다. 우리는 우리가 볼 수 없어야 하는 것의 픽션을 엿볼 수 있다. 우리는 우리의 시선을 분배하는 것이 무엇인지 엿보고, 눈을 뜨거나 감도록 규정하는 깃들을 향해 눈을 반쯤 뜨고 있다. 우리는 한편으로는 보이지 않게 남아 있어야 하는 것들에게서 틈새를 만드는 평범한 인간의 관점에서 우리에게 부여된 정체성과, 다른 한편으로는 우리에게 그 구조를 보여주는 돌출부를 따라 허용되는 **이 관점에 대한 관점**에 가상으로 접근하는 것 사이에서 동요한다.

"**시스템 너머**", 영화의 목소리는 근엄하게 말한다. "**우리는 그들이다.**"

그리고 우리는 **벗어나서, 떠난다.** 여기 지구에서, 땅에서, 우리 시선의 토대(슈미트에 따르면 우리에게 안정적인 시점Blickpunkt 을 보장하는 것처럼 보이는 토양의 관점Standpunkt)에서 닻을 올리고 떨어져 나온다. 그러나 이 도약은 우리를 바깥의 어디로도 데려가지 않는다. 그것은 그저 외양에 들러붙은 필름, 얇은 막이다. 이 도약이 그러한 외양을 직조한다.

이니셜의 익명성으로 축소된 검은 옷을 입은 사람들은 결국 누구인가? 인류와 지구 중심적 분배 이전에 이미 감각적인 것의 **우주적 분배**를 통치하는 이들은 누구인가?

지크프리트 크라카우어Siegfried Kracauer[20세기 독일의 사회학자, 문화 비평가, 영화 이론가―옮긴이]가 그랬듯이, 범죄 소설의 전통적인 탐정이 칸트식 이성으로 행동한다면,[18] 우주 범죄와 우주 이주에 맞서는 이 새로운 우주론적 탐정들은 누구인가?

아마도 그들은 그저 이성을 넘어서는 무언가를 조사하는 것이 아니라, **우리의** 이성을 넘어 그것에 철학픽션적 이성을 부여하는 것을 조사할 것이다.

아마도. 그러나 허구fiction ―혹은 더 나은 표현으로는 **허구적 효과**effiction ―가 이성과 그것의 계몽에 반대하지 않는다는 얘기를 덧붙여야겠다. 철학픽션이 칸트에게서, 또 케이에게서 그랬듯이 비-인간과 비-지구인의 **이성**을 조사하려 할 때, 실

---

18 *Le Roman policier*, Geneviève et Rainer Rochlitz 옮김, Payot-Rivages, 2001.

제로 철학픽션보다 더 이성적이고 합리적인 것은 없다. 그러니까 철학픽션은 도래할, 되어갈 이성을 향해 나아간다.[19]

---

19 자크 데리다는 《불량배들: 이성에 관한 두 편의 에세이Voyous. Deux essais sur la raison》(Galilée, 2003)에서 도래할 이성에 대해 자문하며(p. 196) 해체에 대한 일종의 코페르니쿠스적 전율을 인정한다. 그는 후설의 《유럽 학문의 위기와 초월적 현상학 Die Krisis der europaischen Wissenschaften und die transzendentale Phanomenologie》를 논평하면서 다음과 같이 자문한다. "태양을 대체할 수 있는가? 태양에서 유래한 기술적인 인공물을 생각할 수 있는가?"(p. 194) 데리다는 해체를 "무조건적인 합리주의"(p. 197)라고 주장하기에 앞서 우주론의 지평을 열어젖힌다 — 이는 아마도 그의 저작에서 유일무이한 순간일 것이다 —. 태양을 바꾸고, 태양계를 다른 시스템으로 대체하는 것 말이다. [국내서는 《불량배들: 이성에 관한 두 편의 에세이》(이경신 옮김, 휴머니스트, 2003) - 옮긴이]

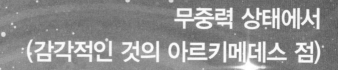
4장

무중력 상태에서
(감각적인 것의 아르키메데스 점)

"밤에 별을 볼 때, 너는 너 자신이 누군지 모르고, 여기서 일어나는 일보다 저곳에서 무슨 일이 일어나는지 더 많이 알고 있다고 가슴속 깊이 느끼게 될 거야." 〈맨 인 블랙〉에서 제이가 케이에게 말한다.

결국 그가 옳았다.

혹은 어느 날 밤 네가 나를 만나러 왔을 때 나에게 암시했던 것처럼, 여기 지구 위의 시간, 우주 속 우리의 시간과 방위는 우주에서 일어나는 일에 크게 좌우된다. 너는 버스를 기다리고 있다고 말했고, 대기 시간 안내를 참을성 없이 바라보았지. 안내 메시지는 교통을 추적하는 지구 위성 시스템이 일시적으로 작동하지 않는다고 너와 다른 여행자들에게 알렸어. 이해하니? 흐르는 시간과 이동하는 공간에 대한 우리의 경험이 지구의 대기 너머로 보내서 우리에게 돌아오는 정보에 의존한다는 사실에 너는 깜짝 놀랐지.

사실 나는 네 말을 들으면서 네가 아주 멀리서 왔다고 생각했어. 다른 사람들이 말했듯이 이 지구에서 너의 작은 발걸음은 거대한 도약이야.

🪐

확실히, 이곳에서 우리의 움직임, 우리의 지각, 그리고 감각에 대한 우리의 접근은 저곳, 즉 한나 아렌트가 "아르키메데스의 점"으로 묘사한, 우리 행성으로부터 멀어지면서 우리 행동의 근거가 되는 곳에 의해 점점 더 강하게 인도되고 있다. 우리 행동의 근거가 되는 우리 행성으로부터 멀어지는 곳으로부터 점점 더 강하게 인도되고 있다.[1] 그러나 우리가 외계인을 추적하면서 칸트의 숭고함을 깊이 살펴보았듯이, 우리의 감각에 제공되는 것에 대한 우주적 재분배는 최근의 지구 위성 기술이 등장하기도 전에 이루어졌다. 감각적인 것은 미학적 경험의 핵심에서 **분배되므로**(분배의 문제로서) 처음부터 정치적이다.[2] 혹

---

1 *Condition de l'homme moderne*, Georges Fradier 옮김, Pocket, 2006, p. 332 *sq*.를 참고하라. [국내서는 《인간의 조건》(이진우 옮김, 한길사, 2017) - 옮긴이]

2 반복하자면, 랑시에르는 적어도 《불화》에서부터 칸트의 미학에 대한 강력한 정치적 해석을 전개했다(생각보다 훨씬 더 한나 아렌트에게 빚지고 있는, 22쪽의 각주 9번을 참조하라). 그래서 랑시에르는 칸트의 《판단력 비판》을 명시하면서, 또 미학을 "감각적인 것의 분배"로 정의하면서 다음과 같이 쓴다. "궁전이 주거의 편리함이나 특권적 지위, 또는 왕권의 상징과 완전히 무관한 평가 대상이 될 수도 있다는 것이야말로 칸트가 볼 때는 고유한 미적 공동체와 보편성의 요구를 특별하게 한다. 따라서 자율화된

은 인간의 모든 관점의 열림이 완전히 다른 외계인에 대한 철학픽션의 유희적 접근을 내포하므로 우주정치적이다. 우리가 슈미트의 자취를 따르면서 그랬듯이 감각적인 것의 노모스에 대해 말할 수 있을 것이다. 즉 미래 지향적이거나 유토피아적이지 않고, 용어의 관습적이고 제한된 의미에서 단순히 SF를 환기하는 데 그치지 않으면서, 세계에 대한 우리 각각의 시각 안에서 작동하는 우주적 관점 속에 감각적인 것의 노모스의 분배라는 쟁점을 새겨넣을 수 있을 것이다.[3]

───

미학은 … 부분과 몫의 분배에서 면제되는 감각적인 것의 존재 방식을 드러냄으로써 포함되지 않는 이들을 포함하는 '마치 ~처럼'의 방식으로 작동하는 감각의 공동체의 유형을 구성한다"(《불화》, p. 88). 《감각적인 것의 분배》에서 랑시에르는 "근원적 미학" 또는 "경험적 형식으로서의 정치"를 말한다. "이러한 미학은 … (아마도 푸코에 의해 재검토되었을 것이다) 칸트적 의미에서 감각에 주어지는 것을 결정하는 '선험적' 형식의 체계로 이해될 수 있다. 이는 … 공간과 시간, 보이는 것과 보이지 않는 것, 말과 소음의 분절이다"(op. cit., pp. 13~14). 최근의 인터뷰("Les terri-toires de la pensée partagée (분할된 사유의 영토)", 2007, Et tant pis pour les gens fatigués. Entretiens (재수록), Éditions Amsterdam, 2009, p. 582, 584)에서 랑시에르는 칸트의 제3비판서의 **누구나**(jedermann)를 즉각 떠올리게 하는 방식으로 **누구나**의 범주를 동원한다.

3 슈미트는 "Prendre/partager/paître (취득/분배/착취)"(La Guerre civile mondiale, op. cit., p. 52)에서 "명사 '노모스'는 근원적 분배(Ur-Teil)와 그 결과물을 가리킨다"라고 쓸 때 그 자신이 생각한 것보다 칸트의 특정한 계승자에 훨씬 더 가까운 듯하다. 실제로 독일어로 'Urteil'은 '판단'을 의미한다. 그리고 슈미트의 노모스 담론은《판단력 비판》을 정확히 감각적인 것의 분배로 암시했거나 개시했을 수 있다. 'Urteil'이 '근원적인 분배(ursprünglich teilen)'의 파생이라는 잘못된 어원 연구 — 특히 피히테, 헤

따라서 우리의 관점을 파고들고 그것을 가능하게 하는 차이의 주름처럼 관통하는 이 우주론적이고 우주정치적인 간극은, 감각의 깊은 곳에 새겨지는 완전한 타자에 대한 철학픽션적 외계성일 것이다. 이러한 **감각적인 것의 아르키메데스 점**에는 매번 그것의 노모스와 지정학이 그려지고 추적되는데, 칸트는 의심의 여지 없이 그 경계를 간파하고 지적한 최초의 사람이며, 우리가 말하듯이 오랜 **다원주의** 철학 전통의 마지막 대표자이기도 하다.

마지막이라고?

칸트 이후에 등장한 다른 철학자들은 자신들의 논의에서 외계성의 다양한 형상을 종종 아주 산발적이고 덧없는 방식으로 불러들였다. 하지만 적어도 여기서 언급할 필요가 있고 세심하게 읽을 가치가 있는 예외가 하나 있는데, 1934년 5월에 작성되어 **코페르니쿠스적 교리의 전복**에 전념한 후설의 놀라운 원고다. 이 원고는 오랫동안 출간되지 못한 채로 있었다.[4]

겔, 횔덜린이 사용한 ─에 대해서는 만프레트 프랑크Manfred Frank가《독일 초기 낭만주의의 철학적 기초The Philosophical Foundations of Early German Romanticism》(State University of New York Press, 2004, p. 85, 103)에서 지적한 내용을 참조하라.

4 디디에 프랑크 Didier Franck가 출판한 프랑스판에서 '근원적 방주인 지구는 움직이지 않는다 L'arche-originaire Terre ne se meut pas'(*La Terre ne se meut pas, op. cit.*)라는 제목은 원고의 표지에 있는 다음 언급에서 차용한 것이다. "이는 세계에 대한 일반적 시각의 해석을 통한 코페르니쿠

후설은 여기서 "하늘을 나는 방주"와 별들을 향해 이동하는 복수형의 "인류들"(p. 23)을 상상하면서, 카를 슈미트가 SF에 보인 관심을 거의 공유하는 듯이 보인다.[5] 우리를 오랫동안 붙

스적 교리의 전복(Umsturz der kopernikanischen Lehre)이다. 근원적 방주인 지구는 움직이지 않는다. 자연과학의 기본적 의미에서 '자연의 물질성, 공간성'에 대한 현상학적 '기원'에 대한 중요한 연구다." 이 놀라운 우주론적 명상은 실제로 우주를 바라보는 관점에 대해 다른 사상가들이 지나가면서 언급한 것 중에 예외에 속한다. 나는 특히 한나 아렌트와,《인간의 조건》의 마지막 페이지들에 갑자기 나타난 "시리우스의 관찰자"(op. cit., p. 401)를 염두에 두고 있다. "또 우주의 충분히 먼 지점에서 관찰되는 [인간의] 모든 활동은 어떤 활동이 아니라 과정으로 나타날 것임이 분명해질 것이다. 예를 들어 한 학자의 말에 따르면 근대의 기계화는 인체가 강철 껍질로 점차 덮이기 시작하는 생물학적 돌연변이의 과정처럼 보일 것이다. 시리우스의 관찰자(간단히 말해 우주의 관찰자)에게 이러한 변이는 우리가 항생제의 도움으로 싸웠던, 그리고 신비롭게도 우리에게 저항할 새로운 변종을 탄생시켰던 우리 눈앞의 미생물의 돌연변이와 마찬가지로 그리 신비롭지 않을 것이다." 또한 아렌트는 "다른 행성으로 이주"하는 가설(p. 44)을 고려하지만, SF의 중요성을 인식하는 듯이 보이는 이러한 부수적 언급에서 그녀는 또한 SF의 역할을 세속적 욕망과 정동情動에 대한 순전히 문학적인 표현으로 한정한다. "크게 인정받지 못하는 SF 문학(불행하게도 아직 아무도 **대중의 감정과 열망을 전하는 수단**으로서 SF가 지닌 가치에 관심을 기울이지 않았다)"(p. 34, 나의 강조) 또한 라캉의《세미나Séminaire》2권(Seuil, 1978)에 등장하는 "화성인의 변명"을 언급할 수도 있을 것이다. 여기서 라캉은 "인간이 언어에 관심을 보이는 방식"의 특징을 규정하기 위해 "시리우스의 관점"(p. 327)이 지닌 **토포스**도 소환한다.

5 권터 마슈케Günter Maschke가 자신의 기념비적 모음집《평화인가, 평화주의인가?Frieden oder Pazifismus?》(op. cit., p. 232)의 주해에서 언급했듯이, 슈미트는 "멀리 떨어진 별의 주민들이 지구의 침략을 고려하면서 이러한 비정치적인 적에 직면하여 인류의 통합에 대한 질문을 제기하는" SF

잡고 있던 슈미트의 진술("인류는 적어도 이 행성에는 적이 없다")이 나온 지 몇 년 뒤, 후설은 사고실험을 통해 더 많은 지구의 존재(예를 들면 "두 개의 지구"(p. 21))뿐만 아니라, (최고의 묵시적 철학픽션인) 우리 지구의 완전한 파괴("언젠가 엔트로피가 지구의 모든 생명을 끝장내거나 천체가 지구에 떨어질 가능성이 있다"(p. 28))를 검토하는 등 여러 철학픽션적 연구를 수행한다. 그리고 슈미트와 마찬가지로 후설에게서도 "가정"과 "거처"가 외계로 확장할 가능성을 가늠할 수 있게 해주는 것은 배 또는 해상 용어를 통한 해양 패러다임이다.

내가 선원의 지식이라면, 내 성장의 일부는 배에서 일어나고 그곳이 나의 '지구', 나의 고향이 될 것이다. 그러나 이 경우에 나의 부모는 본래 배에 거주하고 있지 않으며, 그들은 여전히 오래된 집, 또 다른 근원적 고향Urheimat을 갖고 있다. 이제 별들을 '비행선'이나 '우주선'으로, 지구를 지구에 거주하는 사람들이 출발했다가 돌아와서 거주하고 관리하는 방주로 생각해 보자. 방주-지구 자체는 별들 사이에 있는 별이 아니다. 우리가 우리의 별을 궁극적 인간성을 지닌 제2의 방주로 생각할 때에만, 우리가 이 인간성 사이에서 그곳으로 옮겨지는 경우에만

소설을 읽었다. 특히 슈미트는 존 윈덤John Wyndham의 《크라이솔리드 The Chrysalids》(1955)를 읽었다. 이는 이 책의 독일어판 제목이《지구는 누구의 것인가? Wem gehört die Erde?》이기 때문일 것이다.

상황이 달라진다. 배에서 태어난 아이들의 경우에는 사정이 다르다. (《지구는 움직이지 않는다》, p. 22~23)

슈미트처럼, 혹은 슈미트보다 훨씬 더, 후설은 무중력 상태에 있는 항해자에 대한 탈지구화 가설을 통해 아주 멀리 나아간다. 그러나 후설도 결국 대지의 근본적이고 기초적인 특성을 재확인한다. 행성 간 비행을 과감하게 고려함에도 불구하고―이런 고려를 통해 그는 "우리가 거주하는 행성을, 즉 지구 자체를 우주선으로 만든다"는 슈미트의 놀라운 공식을 거의 문자 그대로 예견한다―, 최종적으로는 우리 지구의 유일성과 중심성을 전혀 바꾸지 못한다. 무인도에 대한 로빈슨풍의 철학픽션은 아래에서와 같이 이 행성에 대한 놀랍고 비현실적인 장면을 넘나들며 **지구 중심주의**를 확인시켜줄 뿐이다.

나는 내가 달로 이동하는 것을 너끈히 상상할 수 있다. 달을 동물이 거주할 수 있는 일종의 지구로 상상하지 못할 이유가 없지 않은가? 그렇다, 나는 나 자신을 지구에서 멀리 떨어진 곳으로 비행하는 새, 혹은 이륙해서 저편에 착륙하는 비행사로 아주 쉽게 상상할 수 있다. 그렇다, 나는 심지어 저편에 동물과 사람이 있다고 상상할 수도 있다. 그러나 "그들이 어떻게 저곳으로 갔지?"라고 우연히 자문한다면, 설형문자 비문이 발견된 새로운 섬에 대해 묻는 것과 동일한 방식으로 이렇게 물을 것이다. "문제의 그 사람들은 어떻게 그곳에 도달했는가?" 모든 동물, 모든 생명체, 모든 존재는 일반적으로 나의 구성적 기원, 즉 '지구적' 현존을 지닌 기원을 통해서만 존재 의미가 있다. 그렇다, 어쩌면 (빙산과 같은) 지구의 파편이 떨어져 나가 특정한 역사성을 가능하게 했을지도 모른다. 그러나 이는 달도 금성도 태초의 고향처럼 생각할 수 있음을 의미하지 않으며, 지구의 존재가 나와 우리 지상의 인류에게 단순한 사실(즉 그저 사소한 사실)이라는 것을 의미하지도 않는다. '지구와 인류는 하나뿐'이며, 지구로부터 분리되어 있거나 언제나 분리되어 있던 파편들도 모두 지구에 속해 있다. 그러나 사정이 그러하다면 우리는 갈릴레이처럼 다음과 같이 말할 수 있다. "그래도 지구는 움직이는가?" 물론 지구는 정지한 공간이 아니다. 그러나 우리가 위에서 보여주려고 했던 것처럼 무엇보다도 지구는 모든 운동과 모든 정지의 감각을 하나의 운동 방식으로 가능케 하는 방주다. (같은 책, pp. 27~28)

우리가 어디로 가든, 어디로 날아가든, 후설의 초월적 지구는 우리를 데려가고, 심지어 우리를 앞서 있는 "육체-비행선 Leib-Flugschiff"[6]과 같다.

---

6 *La Terre ne se meut pas* (지구는 움직이지 않는다), p. 20 (디디에 프랑크는 "비행하는 몸-배(chair-navire volant)"으로 번역하자고 제안했다.)

이 운동은 궁극적으로 지구에서 **출발하여** 구상되었고, 우리가 보았듯이 칸트는 다시금 지구로 회귀하는 이 몸짓을 피하지 못했다. 그러나 그의 사유에 우주론적이고 우주정치적인 동시에 미용적인 독특한 영향력을 부여하는 것은, 외계성이 끊임없이 그의 사유로 **돌아와** 우리 자신인 주체가 **기어코** 지구에 닻을 내리는 것을 불안정하게 만들었다는 사실이다.

이는 또한 후설의 이 단락이 우리에게 주는 인상이기도 하다. 단락의 처음과 마지막 부분에서는 우리를 지구로 송환하고, 초월적 주체로서 지구에 근원적으로 거주하게 하지만, 그 단락의 부인할 수 없는 텍스트로서의 효과, 그 단락의 **허구적 효과**는 지구의 기반을 뒤흔든다.

그럼에도 불구하고 후설에게서처럼 칸트에게서도, 앞의 모든 단락과 마찬가지로 **여기 아래**와 **저곳** 사이의 대립이 남아 있다. 당연히, 의심의 여지 없이, 새로운 질서가 도래할 때까지 우리는 지구에서 시간을 보낼 것이기 때문이다. 그리고 우리가 여전히 지구에서 인간으로서 보내야 할 시간이 남아 있는 동안, 우리가 때때로 철학픽션적으로 인간의 종말을 선언하도록 허용하는 동안,[7] 우리 유한한 존재를 지탱하고 있는 기반의 유

---

[7] 니체는《도덕 외적 의미에서 본 진리와 거짓Vérité et mensonge au sens extra-moral》(*Œuvres, I, op. cit.*, p. 403)에서 다음과 같이 쓴다. "언젠가 '지식'을 발명한 지적인 동물이 사는 행성이 있었다. 이는 '세계 역사'에서 가장 오만하고 가장 위선적인 순간이었지만, 그것은 단지 한순간에 불과했

한성에 몰두하는 동안, 우리가 생각해야 하는 것은 감각적인 것의 우주정치학이다. 그것은 단순히 외부가 아닌 우주의 외계성을 품은 운동을 향해, 그리고 그 운동에 의해 지구에 내린 닻에서 계속해서 멀어진다.

·

"인간에게는 작은 발걸음이지만 인류에게는 거대한 도약입니다"라고, 1969년에 암스트롱은 달 표면에 발을 디디면서 말했다.

우리도 철학픽션적 모험을 나선 뒤로 꽤 많은 사유의 공간을 지나오며 몇 걸음을 내디뎠고 몇 번의 도약을 했다. 우리는 이성에서 중력의 법칙을 거스르며 도약했다. 우리는 우주 관광에서 카를 슈미트로, 슈미트에서 칸트로, 칸트에서 영화로, 그리고 다시 영화 또는 텔레비전 시리즈에서 칸트로, 칸트에서 현대 지정학으로, 그리고 행성 문제 또는 가장 시급한 생태학으로 건너갔다. 이 모든 것은 명백히 특정한 중량, 특정한 **사유의 무게**를 무시한다. **사유하다**penser와 **무게를 달다**peser의 기원이

다. 자연이 몇 번 숨을 내쉰 뒤에 행성은 얼어붙었고 지적인 동물은 죽고 말았다." 또한 후설은 우리가 방금 읽었듯이 지구의 "엔트로피"를 덧붙인다. 이러한 "세계의 완전한 소멸에 대한 허구"는 데리다가 앞서 인용한 인터뷰에서 암시했듯이("Scènes des différences", *Littérature*, no. 142, 2006년 6월), "철학 논의 자체에 속한 요소"일 수 있다.

동일하다면(라틴어 'pensare'는 'pendere'의 강화된 형태다[8]), 사유의 무게, 사유의 짐은 적어도 그 대상을 안정시키는 방식, 즉 대상이 날아가거나 사라지지 않게 하는 방식, 사유의 대상이 규정된 별자리를 형성함으로써 사유가 질문을 던지는 주위를 **맴돌도록** 강제하는 방식에 있어야 한다.

그렇다면 우리가 이렇게 도약한 것은 그저 **가벼움**에서 비롯되었는가? 오히려 우리가 하나의 행성에서 다른 행성으로 (칸트에서 영화로, 슈미트에서 SF로⋯) 뛰어넘은 것은 명백히 **근접성** 때문이지 않은가? 이탈로 칼비노Italo Calvino의 한 이야기에서, 달이 지구와 지금보다 훨씬 가까웠던 때에 살았던 주인공이 두 별을 갈라놓는 거리를 계속해서 뛰어넘어 별에서 다른 별로 쉬지 않고 이동하는 것이 주된 일이었듯이 말이다.[9]

예를 들어 여기서 칸트가 지구이고 영화가 달이라고 가정한다면(하지만 이와 반대일 수도 있다. 진정으로 무거운 사유는 이와 같은 역할 배분을 확실히 증명해야 한다), 지구에 있는 쾨니히스베르크의 사상가의 텍스트 가까이에 있으면서 칼비노의 소설 속 또 다른 인물처럼 사다리 꼭대기에 앉아 위험할 정도로 위성에 다가가서 다음과 같이 외치지 않기란 실로 어려워 보인다. "멈춰!

---

8   Jean-Luc Nancy, *Le Poids d'une pensée* (사유의 무게), Griffon d'Argile et Presses universitaires de Grenoble, 1991 참조.

9   Italo Calvino, "La distance de la Lune (달과의 거리)", *Cosmicomics*, Jean Thibaudeau 옮김, Seuil, 2001, pp. 7~27.

멈춰! 머리를 부딪치겠어!"

우리가 칸트를 통해 관점이라는 것을 생각하려고 시도할 때, 재차 확인했듯이, 우리의 머리는 다른 별에 가 있다. 칸트를 읽으면서 우리는 구조적으로 달에 가 있다. 다시 말해 우리는 이미 영화 속에 있다.

실제로 영화는 무엇보다도 관점의 문제일 것이다. 영화는 관점, 관점의 변형과 이동 및 확장에 대한 놀라운 경험이다. 영화는 완전히 다른 관점, 가능한 모든 관점의 한계, 즉 관점 너머의 관점을 매번 독특하게 발명해 끊임없이 서술한다. 그리고 이는 시나리오 쓰기를 좌우하는 유행과 선택을 넘어, 심지어 영화라는 장르를 넘어, 영화가 클로즈업을 할 때조차 언제나 망원경 같은 것을 가지고 있는 이유다. 영화는 아무리 가까울지라도 항상 먼 곳을 향하며, 그곳에서 보는 것은 불안정해지고, 흔들리고, 발판을 잃은 관점으로 구성된다.[10]

---

10 물론 나는 발터 벤야민의《기술적 복제시대의 예술 작품》에 나오는 (아주) 유명한 특성, 즉 "아무리 가깝더라도 멀리 떨어져 있는 독특한 출현"(1939년 판, Maurice de Gandillac 옮김, Rainer Rochlitz 감수, *OEuvres*, III, 'Essais' 부분, 2000, p. 278)을 암시한 것이다. 동일한 텍스트의 첫 판본(1935)에서 벤야민은 "시간과 공간의 독특한 짜임"(*ibid.*, p. 75)에 대해 말한다. 우리가 그동안 흔히 그랬던 것처럼 '아우라'를 상실의 지평(기계적·사진적 또는 영화적 복제로 인한 고유함의 상실이라고 주장하는 것)에서 해석하기보다, 벤야민이 다음과 같이 우주론적, 심지어 우주정치학적 용어로 묘사하는 것과 그리 멀지 않은 아우라의 경험을 영화가 그에게 얼마나 많이 '열어주는지' 보여줄 필요가 있다. "우리의 술집과 대도시의 거

220

예이젠시테인이 "디드로는 영화에 대해 말했다"[11]라고 말할 수 있었다면, 우리는 이 터무니없는 시대착오를 의역하여 오늘날 우리 지구인이 외계인으로 채워진 스크린 앞에 살고 있음을 칸트가 일찍이 분석했다고 단언할 수 있을 것이다. 그렇다, 영화에서처럼 칸트의 관점에서도 다른 세계의 거주자들은 우리를 포위하고 있다. 그러나 그들은 외부에서 우리를 침략하는 자들은 아니다. 차라리 그들은 그들의 외부성을 향한 우리의 관점에 거주하면서(여기서 그들의 외부성이 우리의 관점을 가능하게

리, 사무실과 가구가 딸린 방, 기차역과 공장이 자유로워질 희망 없이 우리를 가두는 것 같았다. 그런 다음 영화가 나타났고, 10분의 1초라는 다이너마이트 덕분에 이 감옥 세계가 폭발했다. 그래서 이제 우리는 멀리 흩어진 파편들 사이에서 침착하게 모험을 떠난다. 클로즈업으로 공간은 확장되고, 슬로모션으로 움직임은 새로운 차원을 얻는다. 클로즈업은 단순히 우리가 '어쨌든' 보는 것을 덜 선명한 방식으로 선명하게 만드는 것이 아니라, 물질의 완전히 새로운 구조를 드러내는 역할을 한다. 마찬가지로, 슬로모션은 단순히 우리가 이미 알고 있는 움직임의 형태를 두드러지게 하는 게 아니라, 거기서 전혀 알려지지 않은 다른 형태를 발견해낸다. 그것은 '빠른 움직임의 감속이 아니라 서서히 변화하는 대기 중의 초자연적인 특이한 움직임으로 드러난다'."(ibid., p. 305; 벤야민의 루돌프 아른하임Rudolf Arnheim 인용, 《예술로서의 영화Der Film als Kunst》). 나는 여기서 "카메라를 향해 말하는 자연은 눈을 향해 말하는 자연과 동일하지 않다"(ibid.)라고 한 벤야민의 말로 결론을 내리기보다, 칸트를 통해 또는 칸트를 넘어서, 영화적 시선을 통해 드러나는 이러한 근본적 타자성이 실은 모든 관점에 이미 존재한다는 것을 암시하고 싶었다. 이 '있는 그대로' 안에 '마치'를 철학픽션적으로 등록함으로써 말이다.

11 *Le Mouvement de l'art* (예술의 움직임), François Albera, Naoum Kleinman 편저, Les Éditions du Cerf, 1986, p. 77 *sq*.

한다) 항상 그곳에 있었던 식으로 우리를 포위하고 있다.

그렇다면 칸트와 함께, 완전한 타자의 관점으로 구성되어야 하는 것처럼 보이는 이 칸트의 시선을 따라 SF에서 영화에 이르는 계보를 쓸 필요가 있을 것이다. 그러나 이것은 완전히 다른 책이 될 것이다. 내가 꿈꾸는 책, 아마도 철학픽션에 대한 진짜 책이 될 것이다. 여기서는 그저 그것의 시작을 상상하는 데 만족하고자 한다.

다시 한번, SF의 시작.

1902년에 조르주 멜리에스Georges Méliès는 영화 〈달세계 여행Voyage dans la Lune〉을 만든다. 특별한 모임에 회동한 천문학자들은 저명한 교수(바르방푸이)가 프로젝트를 발표하는 회의에 참석한다. 그의 프로젝트는 사람들을 포탄에 실어 거대한 대포로 쏘아 올려 달로 보내는 것이다. 학자들은 이런 주장에 항의하고 그의 말을 믿지 않지만, 그들 중 가장 용감한 다섯 명이 이 미친 계획에 참여하기로 한다. 마침내 출발일이 다가온다. 포탄은 달을 향해 날아가고, 점점 더 가까이 다가갈수록 달은 눈, 코, 입이 있는 하얗게 화장한 얼굴처럼 보인다.[12] 카메라

---

12 마치 이 광대 같은 익살스러운 기록 속에 우주론(코스몰로지크 cosmologi-que)과 화장품(코스메티크 cosmétique) 사이의 유사성에 대한 어렴풋한 기억이 있었던 것처럼 말이다.

가 인간의 얼굴을 한 달을 보여주는 동안, 갑자기 포탄이 달의 오른쪽 눈에 박힌다. 달은 오른쪽 눈에 구멍이 난다. 크림 타르트처럼 하얀 달, 혹은 스크린 속의 스크린처럼 하얀 달은 우리를 바라본다. 하지만 지금 막 지구에서 발사된 물체를 눈에 맞은 탓에 달은 잘 보지 못한다. 달은 반맹이 된다.

장면이 바뀐다. 우주에서 찍은 일종의 역전샷에서, 지구에서 본 달의 얼굴은 다섯 천문학자가 달 표면에 착륙하는 이미지로 바뀐다. 그들은 포탄에서 나와 모자를 흔들며 멀리에서 보이는 **지구의 빛**을 목격한다. 그들이 담요로 몸을 감싸고 잠들기 전, 머리 위로 혜성이 지나간다. 그들이 자는 동안 빛나는 별들에도 얼굴이 있다. 쏟아지는 별의 먼지 때문에 깨어난 그들은 달의 내부로 파고들어 거대한 버섯으로 뒤덮인 동굴로 들어간다. 그곳에 달의 주민인 셀레나이트가 등장하여 이 다섯 천문학자를 붙잡으려 하지만 그들은 무사히 도망친다. 그들은 낭떠러지의 가장자리에 간신히 걸려 있는 포탄을 되찾은 뒤, 포탄이 지구의 중력에 이끌려 바다에 떨어지게 한다. 그곳에서 외륜선이 그들을 견인하여 이 환상적인 여행의 끝에 그들을 기다리는 축제와 훈장이 있는 곳으로 데려간다.

이 지극히 진부한 이야기, 쥘 베른(《지구에서 달까지 De la Terre à la Lune》, 1865)에게서 영감을 받아 셀레나이트를 인간 모습의 야만인으로 바꾼 완전히 예측 가능한 이 이야기에서, 어째서 멜리에스는 나중에 영화사에서 잊을 수 없는 시각적 기억의 아이콘으로 새겨진, 달의 눈에 구멍을 내는 장면을 넣은 것일까? 확실히 여기에는 얼굴을 얻어맞은 크림 타르트라는 희극의 유산이, 영화에서도 찾아볼 수 있는 광대의 전통인 서커스 코미디의 유산이 있기는 하다. 그러나 이 장면은 그러한 전례를 넘어선다. 이미 말했듯이, 눈이 달린 달의 하얀색은 일종의 스크린 속 스크린이다. 그것은 스크린 위에 보이는 스크린이며, 보는 장치로서 스크린 위에 나타나는 스크린이다. 그러므로 스크린에 구멍을 내는 것은 외부의 은하를 향해, 어느 관점에서 보아도 지평이 없는 지평과도 같은 우주론적 관점을 향해 던져진 시선으로 그것에 구멍을 내는 것이다. 스크린 너머 이딘가에 놓인 이 관점만이 우리 자신을 시선을 가진 지구의 종으로 드러나게 한다.

그러나 이러한 달의 관점은 우리에게 금지되어 있다. 우리는 그러한 관점을 만들려고 하는 경험 자체에 구멍을 낸다. 혹은 오히려, 더 정확히 말해, 우리는 그러한 관점의 절반을 구멍 낸다. 우리는 한쪽 눈만 구멍을 내고 다른 쪽 눈은 깜박거리며 어떻게든 보려고 애쓰면서, 우리에게 순식간에 그리고 곧장 사라지는 찰나에 보는 자로서의 우리 자신을 언뜻 보게 해준다.

이것은 칸트도 언급한, 샷과 역전샷의 불가능한 행성 간 효과이다. 그런데 그러한 (역전)샷을 있을 법하지 않은 동시에 필요한 방식으로 내포한 무한한 공간, 즉 항성 간 공간은 단순히 달로 여행하는, 심지어 우주여행을 하는 공간인 것만은 아니다.

멜리에스의 영화가 그러한 공간을 배경으로 했음에도 그것이 보여주는 바는, 이 공간이 이미 지구에서 할 수 있는 모든 경험이 일어나는 공간이라는 점이다. 이 공간은 인간 혹은 지구인의 관점에서 그러한 관점을 가능하게 하기 위해 열려 있다. 퐁트넬이나 칸트의 SF를 비롯해 다른 SF에서와 마찬가지로 멜리에스의 SF에서, 달과 다른 행성들이 우리의 지구 중심적 지리학이 투영된 것처럼, 우리의 너무나 인간적인 관점이 우주론적으로 확장된 것처럼 보인다면, 이는 타자를 그와 같은 방식과 달리 형상화할 수 없기 때문이 아니다. 혹은 그렇기 때문만은 아니다. 또 이 이야기가 환기하는 항성 간 거리가 지구인 각각의 시선의 가장 미세한 차원에까지 이미 자리 잡고 있기 때문이기도 하다.

실제로 멜리에스의 천문학자들이 결국은 지구를 결코 떠나지 않은 것처럼 보였다면, 그들이 저쪽 세계와 이쪽 세계에 큰 변화가 없다는 것을 발견했다면, 이는 그들이 지구를 지구 자체로부터 멀리 떨어뜨렸기 때문이고, 지구 자체에서 행성 간 거리까지 그것을 투사했기 때문이다. 마치 이 우주적 모험이 실제로 우리가 바라볼 때마다 이미 일어난 것처럼 말이다.

마치 망원경 관측법이 모든 시선의 근시적 현미경 관찰에 이미 자리 잡고 있어서 그 시선을 하나의 관점으로 가능하게 하려는 것처럼 말이다. 그곳에서는 어떤 시선이 번득인다. 존재하기를 머뭇거리며 깨어나기 시작하면서 말이다.

또 한 번, SF의 시작.

스티븐 스필버그 감독이 각색한 SF 영화 〈우주 전쟁war of the Worlds〉(2005)의 프롤로그, 지구가 마치 초록색 잎사귀 위에 떨어진 물방울 속에 들어 있는 것처럼 보이는 첫 장면에서 진지하고 시종일관 거만한 목소리가 함께 등장한다. 목소리는 우리에게 이렇게 경고한다. "21세기 초에는 우리 세계가 우리보다 지능이 뛰어난 존재에게 감시받을 거라고 그 누구도 믿지 않았다."

스필버그가 앨 고어도 부정하지 않을 생태학적으로 새로운 기교를 보여줄지라도, 이야기 자체는 평범하고 진부할 정도로 잘 알려진 내용이다. 자신들이 살던 행성의 자원을 고갈시킨 외계인들이 이 세계를 공격하여 파괴될 때까지 착취할 것이라는 내용이다.

수천 년 동안 땅속에 묻힌 채 그들은 이미 이곳에 있었고 이제 엄청난 파괴를 일으키기 위해 깨어난다. 촉수가 세 개 달린 외계인에게 쫓기는 생존자들 중에 레이(톰 크루즈)와 그의 딸 레이첼(다코타 패닝)은 몸을 피해 지하실에서 생존한다. 그런데 이때 촉수 달린 외계인이 그들의 피란처로 내려와 천천히 곳곳을 살펴보며 지구인이 숨어 있지 않은지 확인한다. 클로즈업했을 때 이 생명체의 눈 역할을 하는 움직이는 팔의 끝은 카메라

렌즈처럼 보인다. 그것은 주변 공간이 반사되는 유리의 표면이다. 그리고 이는 스필버그가 1953년에 바이런 해스킨Byron Haskin이 처음으로 소설을 영화화한 것에서 차용한 디테일이다. 허버트 조지 웰스Herbert George Wells의 원작 소설에서는 "뱀처럼 천천히 물체를 더듬는 긴 금속 촉수"[13]만 언급하니 말이다.

따라서 스필버그의 각색에서 관객인 우리가 그것을 통해 보는 카메라, 우리에게 영화 속 세계를 보게 해주고 촉수 외계인의 준목표물인 우리를 보여주는 카메라, 이 카메라는 우리가 숨을 참고 있는 이 시퀀스에서 일종의 이중의 자기 자신을 마주한 것처럼 보인다. 외계인의 눈은 영화 속에 촬영된 영화의 눈이다. 그것은 카메라의 눈처럼 움직이면서 지하실의 아주 작은 틈까지 어디든지 침투한다. 요약하면 우리 지구인은 레이와 레이철처럼, 지하실까지 우리를 찾으러 와서 "가장 강렬하게 현실의 중심부로 침투하는"[14] 이 눈을 바라보면서, 우리 자신의 영화적 시선을 매우 가깝고 매우 불안하게, 그러면서도 무한히 멀리서 조우한다.

레이와 레이철의 눈을 이 비인간의 눈으로부터 떨어뜨리는 몇 미터 속에는 우리의 시선과 시선 자체 사이에 존재하는 심

---

13 *La Guerre des mondes*, Henry D. Davray, Mercure de France 옮김, 1950, Folio, 개정판, p. 240.

14 Walter Benjamin, *op. cit.*, p. 301.

연의 거리가 놓여 있다. 이러한 거리는 하나의 관점, 즉 다른 관점이 아닌 바로 이 특정한 관점을 채택하기 위해서는 인간과 지구인의 시각 속에 깃들어 있어야만 하는 필수적인 거리다. 왜냐하면 언제나 하나 이상의 관점이 있고, 이 복수성은 각각의 단일한 관점이 그 상태일 수 있도록 포위하거나 따라다니기 때문이다.

우리의 눈이기도 한 카메라에 찍힌 레이와 레이철은 그들을 쫓는 이 또 다른 카메라, 또 다른 눈을 피해 도망하려고 한다. 우리는 그들이 우리의 시선에 의해서만, 그리고 우리의 시선을 위해서만 사는 것을 본다. 우리는 마치 그들이 자신들을 영화 속 존재로 가능하게 하는 것에서 그럼에도 벗어나려 하는 듯한 모습을 본다. 그리고 운 나쁘게도 물건을 떨어뜨려 눈이 달린 촉수 외계인의 주의를 끌게 되었을 때, 레이는 딸과 함께 거울 뒤에 숨는다. 준카메라인 외계인이 거울에 반사된다. 그러자 그는 마치 우리에게 우리가 보고 있는 이미지를 반사했듯이 그 자신을 보고, 자신의 반영을 바라본다. 다른 곳에서 온 눈과 지하실에 숨은 지구인은 불과 몇 센티미터 떨어진 채 마주하고 있지만, 한 시선과 거울에 복제된 시선 사이의 무한한 거리에 의해 분리된다. 관점을 하나의 관점으로 구성하기 위해 스스로와 떨어지며 모든 시선에 깃든 이 우주론적 거리에 의해 그들은 분리되어 있다.

이것은 우리가, 우리 지구인이, 우리 인간이, (우리 자신을) 오직 타자의 시선이라는 조건 속에서만 본다는 것을 보여주는 흥미로운 방식이다. 우리는 오직 우리의 관점이 완전한 타자에 의해 사로잡히게 허용할 때만 관점을 가질 수 있다. 이 완전한 타자는 몇 광년 떨어진 무한하고 먼 거리에 있는데도 우리의 관점을 복제할 만큼 가까이 들러붙어 있다.

따라서 이 완전한 타자는 시각과 시각 사이의 틈이며, 그것만이 관점과 같은 어떤 것을 허용한다. 그것은 눈과 눈 사이의 가장 친밀하거나 가장 미세한 앵글에 자리 잡은 은하 간 거리다.

그러므로 우리가 특히 영화관에서 눈을 뜰 때, 우리의 관점은 우리의 관점을 가능하게 하는 외계인이 스크린이나 삶 속에 나타나기도 전에 그들에게 구조적으로 포위되어 있다.

외계인은 이미 관점 속에 있으며, 그들은 우리의 관점이 우리의 관점이 될 수 있도록 그 중심을 형성하고 유지한다. 그들이 중심을 잡고 있기에 관점은 유지된다.

따라서 **우리의 시선 속에 우주전쟁은 이미 일어나고 있다.**

옮긴이 후기

《주크박스의 철학-히트곡》(문학동네, 2012)으로 국내에 소개된 바 있는 페테르 센디는 몽테뉴나 볼테르와 같이 에세이즘의 색채가 강한 프랑스 철학 특유의 전통을 이어받고 있다. 발랄한 문제와 재치 있는 소재로 철학적 사유를 전개하는 그의 글은 독일철학의 둔중한 사변적 '정신Geist'이나 영미철학의 건조한 경험적 접근과는 거리가 먼, 그야말로 프랑스적인 '에스프리esprit'에 닿아 있다. 말랑말랑한 인문학이 득세하는 오늘날의 추세와 달리 상업화하지 않으면서도 학문적 전통에 충실하고, 그러면서도 대중에게 충분히 어필할 수 있는 철학을 구사한다는 점에서 그는 좋은 학자이다.

페테르 센디의 저작이 프랑스적 에세이즘의 '전통'에 기대고 있음에도, 나아가 외계의 존재를 사유해온 철학적 전통을 계승하고 있음에도 서양철학의 거목인 칸트에 대한 이 저작은 음모론에 가까운 도발로 비칠 수밖에 없었던 모양이다. 그는 칸트와 외계인을 접목하는 이 책의 주제가 철학을 자극적으로 만들려 한다고 비난받은 경험을 언급하고 있다. 그만큼 외계인은 그 실체적 진실과 무관하게 대중적인 SF 서사에 수시로 출몰하며 다분히 허구적인, 상상력의 산물로 여겨져왔기 때문이다. 그러나 저자는 그런 주변의 반응이 무색하게 칸트와 외계인을, 우주여행과 SF 영화를 자유롭게 넘나들며 사유를 전개한다.

센디가 보기에 외계인에 대한 상상은 칸트에게 필연적인 것이었다. 칸트가 살았던 시대에 근대적 의미의 국민 국가가 형성되고 인류라는 공통 주관으로서의 주체 개념이 정립되면서, 인간과 지구를 보편적이고 총체적으로 사유하기 위한 허구적 외부로서의 우주가 요청될 수밖에 없었다. 신의 관점에 다름 아닌 우주의 관점이야말로 칸트가 정초하려 했던 보편타당한 인간 전체의 관점으로 적합한 것이다.

이는 카를 슈미트가 '노모스' 개념을 사유하기 위해 동원하는 논리이기도 하다. 공간의 취득과 분배를 의미하는 노모스가 성립하기 위해서는 취득되지 않은 공간, 즉 절대적으로 자유로운 외부 공간이 전제되어야 한다. 대지에 대해 바다가, 유럽에 대해 미 대륙이, 지구에 대해 우주가 그러한 자유로운 공간으로서 노모스의 존립을 받쳐주었듯이 말이다. 흥미롭게도 우주의 경우는 인류 대부분이 실제로 가보지 않은 곳임에도 '사전 점령'되어 있다. 우주는 물리적으로는 빈 공간일지 몰라도 인류와 지구, 나아가 평화라는 공동의 관념을 수립하는 데 소용되는 공간으로서 이미 인류에 "사로잡혀" 있다.

저자는 칸트가 자신의 사유를 전개하기 위해 불가피하게 허구적 가설, 즉 과학픽션SF, Science Fiction이 아닌 '철학픽션'으로서 외계인의 존재를 저작 곳곳에서 소환하고 있음에 주목한다. 가령《인간학》에서는 인간이라는 종의 특성을 살펴보기 위한 비교적 관점으로,《판단력비판》에서는 무인도에 고립된 로빈슨처럼 사심이나 편견으로부터 고립된 미적 판단력을 담지하고 있는 존재로 외계인이 출몰한다. 외계인이야말로 보편성을 정초하기 위해 요구되는 '완전한 타자'의 형상에 들어맞는 것이다. 사심 없는 보편적 판단에 관한 한 인류에 대해 지배적 우위를 점하는 외계인의 존재는 〈신체 강탈자〉를 비롯한 각종 SF 영화에서 감정 없는 침략자의 형상으로 등장하기도 한다.

칸트의 저작에서는 주로 각주의 자리에 위치해 있는 외계인은, 칸트철학의 체계 내에서는 우리의 감각과 상상을 초월하여 이성을 작동시키는 숭고의 체험과 같은 위치에 있다. UFO 음모론을 소재로 활용한 SF 영화 〈맨 인 블랙〉에서 외계인은 명백히 지구상에 인간과 공존하고 있음에도 인간의 시스템에 포착되지도, 경험적으로 감각되지도 않는다(경험한 즉시 뉴럴라이즈로 기억이 삭제되므로). 외계인은 우리가 식별할 수도 감각할 수도 없지만 인간과 지구 중심의 감각을 초월하는 동시에 인류를 '완전한 타자'의 시각에서 보편적인 것으로 사유할 수 있게

"언제나 이미 여기에" 존재하고 있다.

이는 본문에 자주 등장하는 '보편적universel'이라는 단어가 '우주적'을 의미하기도 하며, '범세계적, 세계시민적'으로 번역되는 단어 'cosmopolitique'가 'cosmos', 즉 우주를 품고 있는 이유이기도 하다. 특수한 한 개인이나 한 종족의 시각에서 벗어나 보편적으로 인류를 사고하기 위해서는 그야말로 우주적인 시각이 요구된다.

한 영화나 드라마에 전 세계에서 동시적으로 열광하거나 지구 반대편의 상품을 클릭 한 번으로 구매할 수 있는 오늘날에는 전 지구적 시각이 그야말로 일상이 되었지만, 이제 막 국가가 생겨나고 시민성이 태동하던 칸트 생전에는 전혀 그렇지 않았다. 심지어 평생 자신의 고향을 한 발짝도 떠나지 않은 칸트이지 않은가! 그런 칸트가 외계인과 우주까지 동원해가며 인간과 세계를 철두철미하게 사유한 것에 대해 경의를 표해야 마땅하다.

칸트가 위대한 철학자인 것은 분명하지만 결코 좋은 문장가는 아니었다. 칸트를 번역한다는 것은 칸트를 연구하는 것 못지않은 고행에 가깝다. 또한 칸트의 저작이 방대하면서도 서로 긴밀히 연결되어 있기에 칸트 번역에는 독자 친화적 가독성보다는 원어 중심적인 엄밀함이 요구되어온 것 같다. 칸트 철학에 대한 논쟁 이상으로 칸트 번역에 대한 논쟁이 자주 들려오는 것은 그 때문일 것이다. 다행히 이 책은 칸트에 대한 책이지 칸트의 책은 아니기에, 저자가 칸트를 인용한 부분에서도 가독성에 초점을 맞췄다.

저자가 인용한 구문 중 국역본이 있는 경우 해당 책의 서지 정보를 적어두었으나 국역본의 번역을 그대로 따른 것은 거의 없다. 물론 여러 번역자의 노고가 담긴 선행 번역이 없었다면 수많은 오류를 피할 수 없었을 것이다.

이 책은 외계인을 경유하여 칸트를, 칸트를 경유하여 SF를 읽는 일종의 소품집이다. 저자 또한 이 책에 산발적으로 언급된 SF 서사를 계보화하여 "철학픽션에 대한 진짜 책"을 쓰리라는 포부를 언급하고 있다. 그러나 외계인이라는 대중적이고 흥미로운 주제에 맞춰 발췌 소개된 칸트를 따라 읽는 것만으로도 충분히 즐거운 독서가 될 수 있다. 칸트의 철학이 하나의 거대한 산이라면 이 책은 그 산의 일부를 수월하게 오르도록 닦아 놓은 둘레길과 같다.

칸트 생전에는 존재하지 않았던 지금의 우리가 저자와 함께 칸트를 따라 읽는 동안만큼은 우리 자신이 칸트의 '완전한 타자', 즉 칸트의 외계인이지 않을까? 그렇다면 이 책이야말로 지구의 중력을 벗어난 하나의 우주이며, 이 책을 읽고 있는 당신이야말로 인간의 편협함을 초월한 외계인인 셈이다. 그러니 언제 어디서나 외계인은 '이미 여기에' 존재하는 것이리라.

이 책을 번역하면서 오래전 대학 강의실에서 조우하며 그저 난해하게만 여겼던 칸트에 대한 '취미'를 어설프게나마 가져볼 수 있었다. 흥미로운 책의 번역을 맡겨주신 필로소픽 출판사에 감사드린다. 또한 번역 과정 전반을 두루 살펴주신 구윤희 편집자님, 원고를 꼼꼼히 교정해주신 문해순 님께도 깊이 감사드린다.

2022년 5월
이은지

외계의 칸트

초판 1쇄 발행 | 2022년 6월 29일
지 은 이 | 페테르 센디
옮 긴 이 | 이은지
펴 낸 이 | 이은성
기   획 | 김경수
편   집 | 구윤희
교   정 | 문해순
마 케 팅 | 서홍열
디 자 인 | 백지선
펴 낸 곳 | 필로소픽

주 소 | 서울시 종로구 창덕궁길 29-38, 4-5층
전 화 | (02) 883-9774
팩 스 | (02) 883-3496
이 메 일 | philosophik@hanmail.net
등록번호 | 제2021-000133호

ISBN 979-11-5783-259-0 93100

필로소픽은 푸른커뮤니케이션의 출판 브랜드입니다.